美术教师专业成长手册

范崇岩 著

苏州大学出版社

图书在版编目(CIP)数据

美术教师专业成长手册 / 范崇岩著. -- 苏州：苏州大学出版社，2023.2
ISBN 978-7-5672-4269-2

Ⅰ. ①美… Ⅱ. ①范… Ⅲ. ①美术课-教学研究-中小学 Ⅳ. ①G633.955.2

中国国家版本馆 CIP 数据核字(2023)第 005144 号

美术教师专业成长手册
MEISHU JIAOSHI ZHUANYE CHENGZHANG SHOUCE

范崇岩　著

责任编辑　金莉莉

苏州大学出版社出版发行
(地址：苏州市十梓街 1 号　邮编：215006)
镇江文苑制版印刷有限责任公司印装
(地址：镇江市黄山南路 18 号润州花园 6-1 号　邮编：212000)

开本 700 mm×1 000 mm　1/16　印张 11　字数 169 千
2023 年 2 月第 1 版　2023 年 2 月第 1 次印刷
ISBN 978-7-5672-4269-2　　　定价：48.00 元

图书若有印装错误，本社负责调换
苏州大学出版社营销部　电话：0512-67481020
苏州大学出版社网址　http://www.sudapress.com
苏州大学出版社邮箱　sdcbs@suda.edu.cn

功"崇"惟志,"岩"广惟勤

邹官民

功"崇"惟志,她用梦想装饰着平实的日子;"岩"广惟勤,她以真诚点缀着生命的拔节,书写绚丽诗行。

很荣幸,我是最先读到范崇岩老师《美术教师专业成长手册》的人。从书中我读到了她对教育理想的执着与追求,为师的优雅与博爱,对课程教学的智慧与理性,对专业成长的梦想与深情……

认识范崇岩老师,始于她的课。那还是 2006 年,在课改的大潮中,一个从教仅仅几年的老师就在全国优质课比赛中获奖,是件多么不容易的事情,"课"就成了我们友谊的桥梁和永恒的话题。范崇岩老师视课堂为生命的战场,永远像个铆足了劲的发条。在她"如诗"的课堂中,有"爱"和"美"的完美结合,有"道"和"术"的悉心修炼。她用智慧、博爱、理性与感性丰富着每一节课,诠释着每一幅美育的画面。她的课就如她本人一样,优雅、至臻、淳朴、唯美,令人如沐春风。

人们都说"教而不研则空"。确实,"教"和"研"是教师专业成长的两条必由之路,不"研"的"教"就如同原地踏步,只是在为"课"

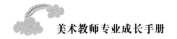

重复着平凡的动作；而"教"的"研"不是讲大道理，是研思、研讨，是钻研、共研，也是覃研、精研。从高中教师到小学教师，从教学一线的教师到教研员，从学科教研员到教育管理者，"严"成了范崇岩老师最响亮的名片。从每一节课的研磨到每一个主题的研讨，从每一个技能的钻研到每一个课题的覃研，她都在阐述着这样的一个道理：思广则能活，思活则能深，思深则能透，思透则能明。这便是名师成长的理想之道呀！

如今，作为一位名师，范崇岩老师正把舵领航，探究教与学的方法与规律，提炼自己的教学主张，更要把自己的教学主张内化为教育理想情怀，铸就教育的生命关怀与精神引领，她们正在这样成长。《美术教师专业成长手册》是这份教育生长的叶和花，也是果。

成长是亲近阳光，绽放出诗意的笑颜；成长是自由呼吸，那般淳朴而深情；成长是灵性喷发，何等精彩和绚丽。

成长，是一种深邃的美！

（作者系广东省特级教师，正高级教师，广东省南粤优秀教师，广东省优秀美术教师，荣获广东省中华文化基金金质奖章）

2022年11月

第一辑　课堂教学的道与术

文化探究——重阳文化　/003

中国古代玉器　/012

我们的调色板　/021

剪团花，巧装饰　/027

有趣的数字　/032

漂亮的闹钟　/037

无痕空间——荷塘创作　/041

趣味纸笔插　/046

美丽的花园　/052

光影是表现形体的突破口　/060

第二辑　教学研究才是课程的起点

微课：走在美术高效课堂的前沿——小学美术微课的设计与
　应用研究　/067

STEAM导向下的小学美术课程统整教学策略研究　/072

小学美术"四学、五明"课堂翻转策略　/078

写字有法，育人无痕——"午练"课程中德育渗透的思考与
　实践　/083

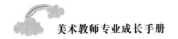

　　小学速写淡彩画教学资源的建设与运用研究　/086
　　结合自身工作实践谈美术教师专业化成长　/091
　　实施美术高效课堂教学策略的实践与探索　/097
　　色彩教学中紧密联系日常生活初探　/102
　　浅探现代教育技术对情境教学的创新应用　/106

第三辑　向教育规律靠拢
　　基础教育课程改革的"前世今生"　/113
　　如何制作优质的学科微课　/119
　　谈美术教师的职业规划　/127
　　教学是一门遗憾的艺术　/140
　　驾驭课堂的魔术棒——教师语言的魅力　/146
　　自主学习、自主管理之美术课堂　/149

第四辑　教育像诗一样美好
　　我不是完美的我，孩子不是完美的孩子　/153
　　有失必有得　/154
　　学习滋养心灵　/156
　　了不起的母亲　/158
　　没有硝烟的战斗　/160
　　守得云开见月明　/162
　　顽童学画　/164
　　承受痛是为了让苦涩变成快乐　/166

后记　/167

第一辑
课堂教学的道与术

导语：道是理念、规律和原则，术是解决问题的具体策略。教育有道，亦有术，道和术皆不可轻视。一节好课，除了要有好的教学方法外，课堂中还应有教师和学生情感的投入，有互动的过程，有活跃的课堂气氛。

文化探究——重阳文化

教学目标

1. 了解重阳节的由来、习俗和发展,并能制作心愿卡表达敬老、爱老。

2. 通过欣赏作品、看视频、玩游戏等方式,掌握重阳节的基本知识和感受节日的氛围。

3. 在学习和体验中感受尊老、爱老的文化传统,感受传统节日的文化魅力。

教学重点

创设情境,让学生了解重阳节的由来、习俗和发展。

教学难点

唤起学生爱老、敬老的感恩之心,用不同的方式表达对长辈的感恩之情。

教具准备

课件、短视频、爱心便利贴、水彩笔、KT板等。

教学过程

一、课堂导入

1. 教师活动。

(1)课前玩游戏"看作品,猜节日"。

师:老师听说我们班的同学观察能力特别强,下面我想和同学们玩一个游戏,游戏的名字叫作"看作品,猜节日"。

师(出示作品一《岁朝喜庆》):这幅作品描绘的是什么传统节日?你们是怎么猜到的?画面中有哪些节日元素?

生1:这幅作品描绘的是春节,因为我看到了画面中有小朋友在放鞭炮，门口还有一棵蜡梅树，因此推断这幅作品描绘的是春节。

师（出示作品二《五月竞舟图》）：看看这幅作品描绘的是什么传统节日？你们是怎么猜到的？

生2：我猜这是端午节，因为在画面中我看到了大家在赛龙舟，所以我认为这是端午节。

师（出示作品三《织女牛郎七夕会》）：这幅作品和什么传统节日有关？

生3：七夕节，画面中有牛郎和织女，还有鹊桥。

师（出示作品四《王维诗意图》）：刚刚同学们都很快猜出了画中描绘的节日，现在我们提高难度，看看这幅作品描绘的是什么传统节日。

生4：我猜是重阳节，因为我看到了画面中有巍峨的高山，而重阳节有登山望远的习俗。

生5：我看到作品旁边有两句诗"遥知兄弟登高处，遍插茱萸少一人"。

（2）详细分析作品《王维诗意图》。

师：这幅作品名叫《王维诗意图》，是清代画家石涛根据王维所作的《九月九日忆山东兄弟》这首诗的意境所画的画。你们会背这首诗吗？

生：会。（学生齐颂诗歌《九月九日忆山东兄弟》）

师：你们吟诵的声音真好听！谁能告诉老师这首诗表达的是什么意思？

生6：表达的是王维在重阳节的时候想念家乡的兄弟。

师：这幅作品乍一看好像有点"名不副实"。虽然画面上描绘了山，却没有看到正在登高和插着茱萸的"山东兄弟"，只有二人在书斋中相对而坐，颇有些莫名其妙。但是我们仔细想一下，诗人不正是因为背井离乡，远离家乡和亲人，在节日的时候才会特别想念自己的亲人吗？

2. 学生活动。

（1）观看作品，分析作品中的节日元素，猜猜画面中描绘的是什么节日。

（2）根据老师的提示，认真思考和分析画面信息，回答问题。

二、课堂发展

1. 教师活动。

（1）引导学生带着问题看视频。

师：重阳节是我国传统节日，通过这幅作品和《九月九日忆山东兄弟》这首诗，我们知道重阳节有什么样的习俗呢？

生：重阳节有和家人一起登高、插茱萸的习俗。

师：那么重阳节是怎么来的？为什么叫重阳节？有哪些习俗？从古到今重阳节的活动发生了哪些变化？重阳节向我们传达了怎样的文化内涵和情感元素？带着这些问题，我请大家观看一段视频，从视频中我们可以找到答案。待会儿看完视频，我们将进行小组间的重阳节文化大比拼，同学们可要认真看哟！现在请看视频。

（2）重阳节文化大比拼。

师：视频看完了，下面我们要进行重阳节文化大比拼，看哪个组的同学答得好。先看第一题，这是一道问答题。重阳节是哪一天？为什么叫重阳节？

生7：重阳节，是农历九月初九，因为农历九月初九有两个"九"，所以叫重九节，又因为九被称为"阳"，所以又叫"重阳节"。

师：重阳节，为每年农历九月初九，是中华民族的传统节日。《易经》中把"九"定为阳数，九月九日，两九相重，故曰"重阳"；因日与月皆逢九，故又称为"重九"。重阳节起源于什么时期？最早是用作什么活动的节日？

生8：重阳的源头，可追溯到先秦之前，当时已有在秋季九月农作物丰收之时祭飨天帝、祭祖，以谢天帝、祖先恩德的活动。《西京杂记》中记西汉时的宫人贾佩兰称："九月九日，佩茱萸，食蓬饵，饮菊花酒，云令人长寿。"相传自那时起，就有了重阳节求寿之俗。到了唐代，重阳节被正式定为民间的节日，此后历朝历代沿袭至今。

师：中国的重阳节有哪些习俗？

生9：登高、赏菊、祭祖、吃花糕、喝菊花酒、插茱萸。

师：探究重阳节习俗的寓意。

教师出示重阳节活动的图片,学生根据已有的知识进行判断,做出习俗寓意的选择。教师适时点拨,分析并讲解其中的寓意。

登高:A. 健身祛病　B. 一帆风顺　C. 四季平安

赏菊:A. 春风得意　B. 健康长寿　C. 大展宏图

祭祖:A. 感念恩德　B. 官运亨通　C. 早生贵子

吃花糕:A. 吉祥如意　B. 财源广进　C. 步步高升

喝菊花酒:A. 岁岁平安　B. 驱灾祈福　C. 心想事成

插茱萸:A. 年年有余　B. 五谷丰登　C. 辟邪求吉

师:重阳节从古至今有这么多习俗和寓意。传承至今,我们又赋予了重阳节新的内涵。现在的重阳节又被称为什么节?

生:又被称为老人节和敬老节。

师:谈到敬老、爱老,老师给大家准备了一段《重阳敬老》的线描画视频,下面请大家和我一起观看。

师:这段视频勾起了我很多儿时的回忆,让我想起了我的外婆。小时候,外婆每天给我讲故事,教我背诗、写字,陪我玩耍,常常给我做好吃的。刚上小学的时候,外婆每天接送我上学和放学,那个时候没有车,接送只能靠步行,有的时候下雨了,外婆就背着我走在雨里,她背上那暖暖的感觉让我终生难忘。此时此刻,我很想对我的外婆说:"外婆,感谢您对我的关怀和照顾,您就像是我心中的太阳,给我带来了无限的温暖,衷心地祝福您永远健康、快乐!"同学们,看了这段视频你们有什么感受?想一想、说一说你们的爷爷奶奶、外公外婆等长辈为你们都做了哪些事?你们想对他们说些什么、做些什么?

生10:爷爷奶奶每天给我做早餐,送我上学,还帮我收拾房间。我想对他们说:"谢谢你们!我爱你们。"

生11:我的奶奶对我很好,虽然我们不住在一起,但她总是买东西寄给我。放假去奶奶家,奶奶总是把最好的东西拿出来给我吃。我想对奶奶说:"奶奶,您要注意身体,祝您健康长寿!"

生12:我的爷爷经常带我出去玩,有一次,他为了不让我受伤他自己摔倒了,导致腿部骨折。我感到很难过,爷爷是因为我骨折的。我想对爷爷说:"爷爷,您要赶快好起来。等我长大了,我会好好照顾您的,愿您每天都能开开心心的!"

2. 学生活动。

(1) 带着问题观看视频,关注重要问题在视频中的阐述。

(2) 以小组为单位,进行重阳节知识的竞答。对于不确定的问题,与同伴探讨。

(3) 有不同的意见或同伴信息不完善的,可以提出或补充。

(4) 观看视频,体会长辈对我们的关爱。回忆和描述长辈为自己做了哪些事情,表达对长辈的感恩之情。

三、课堂作业

师:我知道同学们有太多想说的话和太多想要表达的爱。下面我给大家8分钟的时间来制作一张心愿卡,把你们想说的话写在心愿卡上。制作心愿卡的要求:① 先把想对长辈说的话写在心愿卡上,不会写的字可以用拼音。② 再加上适当的装饰,点缀心愿卡。③ 在规定的时间内完成心愿卡,并贴在许愿树上。可参考老师提供的样板进行制作。

四、课堂展示

师：现在许愿树上已经挂满了心愿卡，我来看看大家都写了什么祝福。

师：我们的许愿树上承载了同学们满满的爱和祝福。许愿树一定会让我们的愿望得以实现！

五、课后拓展

师：同学们，有一句话说得好，"心要被人听见，爱要被人看见"。表达谢意和爱意可以用语言，也可以用行动。希望你们回到家里，用你们的实际行动让长辈们感受到你们对他们的爱。

六、教学反思

重阳节是我国传统节日之一，蕴含着丰富的文化内涵。青少年是中国传统节日重要的传承群体，他们对于传统节日的认知与态度，将直接影响中国传统文化的传承和发展。

我们希望通过重阳节课唤起学生对重阳节文化的理解和认同。我上的第一节课是重阳节文化欣赏课，在我的教学设计中，通过让学生欣赏美术作品，让学生能够识别传统节日中的节日元素。通过视频，我让学生系统了解重阳节的来龙去脉。通过知识竞答，我让学生加深对重阳节由来、习俗、寓意的理解。再通过富有感染力的线描画视频唤起学生内心深处的敬老、爱老的感恩之心。因为学生语言表达能力有限，有很多情感不知道如何用语言来表达，于是我做了一个范例，将我看了视频后的感受，用这个年龄段孩子们能够效仿的表达方式表达了出来，消除了学生表达上的障碍，以唤起学生的感恩之心。心愿卡和许愿树是我为学生设置的敬老和爱老情感升华的载体，为后续重阳节美术表现、重阳节创意表现等几个环节奠定了情感基础。

课程基本达到了我的预期。其中知识竞答探究节日活动的寓意和文化内涵环节，学生对文化寓意的理解还浮于表面，没有深入理解，其实这是一个很好的生成契机，但由于我个人的现场反应没有那么敏锐，纠结于环节和时间上的安排，错失了深化寓意和内涵的机会，值得反思！另外，唤起学生对长辈的感恩之心的环节是本节课的难点，如果时间允许，我希望学生能够更充分地表达内心的感受和想法，唤起他们更多的感恩之心。

教学品鉴一

本节课任课教师进行了精心的设计，层层深入，激发了学生对重阳节的兴趣，营造了一个开放、有文化内涵的学习环境和氛围。

首先，从课堂的导入来看，所选的作品都是国画，通过欣赏美术作品，学生能够识别传统节日中的节日元素，真的是一举两得。其次，让学生观看视频，通过知识竞答的环节，提高学生的学习兴趣，推动课堂气氛达到高潮。教师分享自己的亲身经历，唤起学生内心深处敬老、爱老的感恩之心。最后，以制作心愿卡作为学生的课堂作业。本节课不仅值得我们美术学科教师借鉴和学习，也值得德育相关学科教师借鉴和学习。

从教师的反思中，不难看出教师对课堂和时间的把控能力很强。我们每位教师都应不断地摸索，努力做到"引"，而不是"演"，切实提高小学美术课堂教学的成效。

(品鉴教师：东莞市黄江镇第二小学　张韵)

教学品鉴二

今天，我再一次认真学习和研读了范老师"文化探究——重阳文化"一课，收获了很多。可以看出在上这堂课前，范老师做了精心的准备，收集了大量关于重阳节的资料。对于四年级的学生来讲，对重阳传统佳节的了解还是不够深入，这个体现着中华民族敬老美德的传统佳节正一点点被现代人淡忘。而课前的资料收集能让学生多方位了解这个节日，丰富学生的学习和生活，也陶冶学生的情操。课堂上，范老师别具匠心地将各个板块自然地联结起来，让学生在经典绘画作品中轻松地学习，感受传统佳节带来的魅力，激发学生无限的想象。

纵观整堂课，范老师通过课前作品竞猜、重阳节文化大比拼等环节，让学生递进式地了解了重阳节的由来和习俗；通过知识竞答，让学生加深了对重阳节由来、习俗、寓意的理解。利用线描画视频挖掘学生内心的情感世界，从而使学生对重阳节有了更深的理解，体现了品德教育的主旨。进一步以心愿卡、许愿树的方式为学生提供一个表达爱的载体，唤起更多学生的感恩之心和激起内心深处的共鸣，将本课的核心素养进一步呈现和升华，达到了传承文化的目的，这也是我们青年教师在课程设计上要用心借鉴和学习的地方。

(品鉴教师：松山湖实验小学　李云鹏)

中国古代玉器

教学目标

1. 通过自学、合作学习,学生对中国古代玉器有个大致的了解。

2. 通过课堂游戏教学,学生加深对中国玉器文化、玉器鉴赏的了解,并能做到学以致用。

教学重点

扩展知识面,了解中国古代玉器文化,掌握玉器鉴赏的基本方法。

教学难点

在现实生活中,能够对不同的玉器进行准确的鉴赏。

教具准备

玉器实物、课件、答题板、白纸、签字笔、不同颜色的磁钉。

教学过程

一、课前准备

1. 教师准备。

(1)教具。

(2)课题的书写:中国古代玉器。

2. 学生准备。

(1)课前分成四组,利用现代教育技术查找关于中国古代玉器方面的资料,并将本组每人所查的资料进行汇总,达到对中国古代玉器的初步了解。

(2)给每组起一个含有玉字的四个字的组名,名字要尽量雅致、有文化气息。课前将各组组名写在黑板上,每组用不同颜色的磁钉代表其答题情况。

二、组织教学

1. 引言。

师：中国古代工艺美术品类众多，表现形式不拘一格。青铜器、陶瓷、玉器、金银器、漆器等都是中国古代工艺美术的代表性品种。上一次课我让大家回去查找关于中国古代玉器方面的资料，并将本组所查的资料汇总。这节课我们就以游戏的形式检验一下大家的查找成果。我们首先来看游戏规则：① 全班学生共分四组。每组选派一名学生作为答题代表，其余学生为智囊团成员。② 答题代表要在规定时间内将本组讨论得出的答案写在答题板上，并公布答案。每答对一题可获得一枚磁钉。最终以获得磁钉最多的组为获胜组。③ 获胜组可以获得东莞市光明中学"玉文化小专家"荣誉证书。

师：下面隆重介绍一下今天参赛的四个代表队（分别为金玉满堂、玉树临风、珠圆玉润、金枝玉叶代表队）。介绍的同时，每个队的组长要起身向大家示意。

2. 导入。

☆ 第一题：看故事，猜成语。

战国时期，赵国得到了楚国的和氏璧，秦昭王要用十五座城池来换和氏璧。赵王派蔺相如带着和氏璧去换城池，蔺相如到了秦国献了和氏璧，见秦王没有诚意，不肯交出城池，就设法把和氏璧弄回，还派人将其送回了赵国。由这个故事衍生的两个成语是？

师：这是一道问答题，每组有40秒的时间商量答案，并将答案写在答题板上。计时答题，时间到后各组亮出答题板，并公布本组答案。

师（公布正确答案）：完璧归赵、价值连城。

师：其实这个故事还没有完。后来，秦国统一了六国。而那块天然和氏璧自然也落入秦国人的手中，被雕成秦国的传国玉玺。秦始皇希望借助这块宝玉的神力保佑他的王朝千秋万世。后来的各个王朝也都想获得这枚传国玉玺。关于传国玉玺的传说，贯穿中国历史长达两千多年。可见古人对玉器的珍视程度。民间从古到今流传着这么一句话："黄金有价，玉无价！"这说明玉器在中国人的眼中十分珍贵，有着非凡的价值。

☆ 第二题：中国人为什么如此珍视玉器呢？

A. 玉器十分珍贵、稀有

B. 玉器是中国人的品格、气质的象征

C. 玉器具有广博而特殊的用途

D. 中国在国际上被称为"玉器之都"

师：这是一道不定项选择题，每组有40秒的时间商量答案，并将答案写在答题板上。计时答题，时间到后各组亮出答题板，并公布本组答案。

师（公布正确答案）：A、B、C。

师：下面我们来具体分析。① 据说一块玉石的形成要经历百亿年之久，可见其珍贵和稀有。② 古人将"石之美具五德者"称为玉。孔子在《礼记》中写道："君子比德于玉。"他认为玉是中国人道德标准的象征。玉石，精致而灵动，温婉而含蓄，和东方人的气质极其吻合。③ 玉石所独有的特性，决定了它具有广博而特殊的用途。

☆ 第三题：玉器从古至今有哪些功用？

A. 装饰品

B. 实用器物

C. 祭祀、陪葬用的礼器

D. 特殊的玉器还是国家、王权的象征

E. 祛病辟邪

F. 玉之美与人的身体健康相得益彰

师：这是一道不定项选择题，每组有40秒钟的时间商量答案，并将答案写在答题板上。计时答题，时间到后各组亮出答题板，并公布本组答案。

师（公布正确答案）：A、B、C、D、E、F。

☆ 第四题：号称中国古代"四大名玉"的是？

师：这是一道问答题，每组有40秒钟的时间商量答案，并将答案写在答题板上。计时答题，时间到后各组亮出答题板，并公布本组答案。

师：本题我们采取互评的形式来完成，各组交换答题板。希望同学们能本着诚实守信的原则，公平、公正地进行评判。

师（公布正确答案）：①湖北的绿松石。②河南南阳的南阳玉。它又称独玉或独山玉。③辽宁岫岩玉。它又称岫玉，其产量占全国60%左右，被誉为国石。④新疆和阗玉。主要分为两种：一种是源自水中的极品籽玉，另一种是从海拔3 500米至5 000米高的山岩中所开采的山料。

师："四大名玉"之中以新疆和阗玉的玉质最佳，和阗玉中又以籽玉中羊脂白玉最为名贵。和阗玉在中国至少有7 000多年的历史。前几年极品籽玉玉料是每千克25万元，最近几年价格飙升，在2006年秋季的一次拍卖会上，有一块1千克左右的羊脂白玉拍卖到了4 500万元。

师：对于初涉赏玉的人来说，第一，要认识什么是玉，从材料上鉴定是不是玉。第二，要会判断玉质的优劣和玉器雕工的价值。

☆ 第五题：根据所查资料，说说有哪些方法可以鉴别玉器的真伪？

师：这是一道问答题，每组有80秒的时间商量答案，并将答案写在答题板上。计时答题，时间到后各组亮出答题板，并公布本组答案。

师：本题我们仍采取互评的形式。（在公布答案的过程中，对于每一种鉴别方法，都请同学到前台进行近距离的运用，目的是使学生更直观地掌握鉴别要点）

师（公布正确答案）：假玉一般有两种，绿色玻璃或绿色塑料。（结合实物投影观察和分析）看颜色：赝品颜色难看，光泽很弱。试硬度：赝品的硬度相对真玉偏低。试温度：真玉用手触摸会有冰凉的感觉，赝品用手触摸无凉感。闻气味：塑料合成品摩擦有异味，而真玉摩擦不会产生气味。尝味道：舌舔有涩的感觉为真玉，假玉则无此感觉。看质地：人造玻璃用放大镜或显微镜观看可发现气泡。听声音：玉器轻微撞击，声音清脆悦耳，而赝品声音沉闷。

师：玉器真伪的辨别不能单靠一种方法，一定要综合几种方法来推敲，这样才更准确，更有说服力。

☆ 第六题：在没有任何科学仪器的条件下，如何鉴别玉质的优劣？

师：这是一道问答题，每组有60秒的时间商量答案，并将答案写在答题板上。计时答题，时间到后各组亮出答题板，并公布本组答案。

师：本题我们仍采取互评的形式。（在公布答案的过程中，强调玉质的优劣直接决定玉器价值的高低）

师（公布正确答案）：从质地上说，玉的质地越细腻，越有油脂感，玉质就越好。从光泽上说，玉的光泽度越高，玉质就越好。从透明度上说，玉的透明度越高，玉质就越好。从颜色上说，玉质颜色越柔和、越纯，玉质就越好。从重量上说，好的玉器手掂起来会有沉重感。

☆第七题：玉器工艺制作的最高境界是？

A．破旧立新　　　　　B．因材施用

师：这是一道不定项选择题，每组有20秒的时间商量答案，并将答案写在答题板上。计时答题，时间到后各组亮出答题板，并公布本组答案。

师（公布正确答案）：B。

师：玉器的制作要根据玉石本身的天然条件。与陶器的制作不同，玉器制作的最高境界不是破旧立新，而是因材施用。能工巧匠们是如何进行因材施用的呢？下面让我们共同欣赏一下几件玉器：① 翠玉白菜。白色部分被雕成菜帮，翠绿色部分被雕成菜叶和昆虫。白、绿翠玉的过渡十分巧妙和自然。白菜又取谐音"百财"，蕴含了富贵、吉祥的寓意，深得中国老百姓的喜爱。② 肉形石。不管是色彩还是纹理都可以乱真，人们似乎能闻到红烧肉的香味。③ 白玉桐荫仕女。这是表现江南庭园景色的作品。宫廷玉工利用取走玉碗后所剩下的废料，随形巧做，雕琢而成。此玉雕分前后两侧，庭园幽深，蕉石掩映，洞门半掩。正反各有一个少女，她们隔着门缝相互窥望，颇具诗情画意。此玉雕深得乾隆的喜爱，可与春秋战国时期的和氏璧相提并论。

☆第八题：在玉质、颜色、大小相同的情况下，玉器雕工的价值如何判断？

师：这是一道问答题，每组有40秒的时间商量答案，并将答案写在答题板上。计时答题，时间到后各组亮出答题板，并公布本组答案。

师：本题仍采取互评的形式。（在公布答案的过程中，强调玉器雕工的价值是决定玉器价值高低的另一个不可或缺的元素）

师（公布正确答案）：雕刻年代越久，价值越高。内容有创意、不常见，或是为喜庆、吉祥的图案的，价值就越高。雕工越精细，价值越高。

☆ 第九题：根据这节课所学的知识，从客观角度鉴定以下几种玉器哪一件价值最高？

A. 岫玉青玉玉镯　　　　　B. 蓝田姜花玉镯

C. 黄白老玉招财貔貅　　　D. 翡翠挂件属你有财

师：你们会从哪些方面和角度考虑玉器价值的高低？

生：主观、客观两大方面。主观方面包括玉器对其个人的意义；客观方面包括玉器大小、玉质、雕工等决定性因素。

每组选派一名学生代表先到前台鉴宝，其他学生看大屏幕实物投影（插入民乐《彩云追月》），为学生营造一个优雅、轻松的环境。

每组学生代表到前台鉴赏，再经本组讨论后公布本组给出的答案，并由学生代表说明原因。

师（公布正确答案）：C。

答完此题后顺利得出每组答题的情况，教师公布此次答题竞赛的获胜组，并当场颁发获胜证书。

遇到有两组或三组并列的情况，就进入抢答题阶段。

要求：看到题目后马上可以答题，答案要写在答题板上，速度最快、答案正确的组获胜。

附加抢答题1：现中国最大的藏玉宝库是？

A. 故宫　　　B. 圆明园　　　C. 天坛　　　D. 中南海

附加抢答题2：清代哪位皇帝在位期间宫廷玉器最繁荣和昌盛？

A. 康熙　　　B. 雍正　　　C. 乾隆　　　D. 嘉庆

三、课堂总结

师：这节课大家的收获很大。我们知道了中国人珍视玉器的原因，

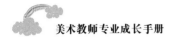

了解了中国知名玉石，掌握了玉器的鉴别与鉴赏，学会了如何评价玉器的工艺制作。同学们能够通过先查阅资料自学，真棒！各组成员表现都非常出色，临危不乱，处事不惊，颇有大将风范。

尤其是金玉满堂组的全体同学通过本组成员的合作学习和共同努力，获得了"玉文化小专家"的荣誉称号。对于他们的学习成果，我们表示热烈的祝贺！希望大家在下一次的学习活动中会有更出色的表现！

教学品鉴一

这节课的课题是"中国古代玉器"，本课是人民美术出版社出版的《美术》教材第15课"辉煌的中国古代工艺美术"的一个章节。玉器是中国老百姓既熟悉又陌生的一类工艺美术品，将本章节设计成一节课有两个目的：其一，培养学生的自学能力及其适应社会和独立生活的能力，使学生对中国传统的玉器文化有更深入的了解，增强学生的爱国热情和对传统文化的兴趣。其二，使学生掌握基本的鉴别、鉴赏玉器的技能和方法，使学生学到的东西真正能在生活中发挥作用，提高学生学习的实用性。

在新课程标准的指导下，我改进了传统的教学方式和学习方式，采用了如下方式：自查资料—互助学习汇总—游戏形式检验—师生互动，逐层深入，循序渐进地扩展、巩固知识，引导学生去感受、观察、体验等，进行自主学习与合作交流。通过生动的教学活动，学习内容变得鲜活充实，易于被学生接受和掌握。

例如，在课前准备阶段，我引导学生利用电脑及网络信息技术资源，以小组为单位，收集与鉴赏内容相关的资料。一方面，使学生有备而赏，缩短学生与鉴赏内容的距离，使学生对鉴赏的内容产生兴趣；另一方面，以小组为单位，有利于培养学生合作交流能力和探究能力；同时还可以使学生在不知不觉中掌握新科技的发展动态，提高学生操作多媒体的能力和熟练程度。

在上课过程中，我尝试转变以往的教学方式，把琐碎繁杂的学习内容改编成一道道问答题、选择题和实践题，把每班的学生分成四组，每组分别起一个学生自己喜欢的且和主题内容相关的组名（如金枝玉叶、玉树临风等组名）。采取课前分组查阅资料并探讨研究，课上以知识竞答游戏的形式进行教学。当然，竞答题的内容是针对本节课的，而竞答题的题目学生是未知的。课前我给每组分发一个答题板，并颁布游戏规则：每组要在规定的时间内将每道题的答案写在答题板上，答对一题可获得一枚磁钉，最终以获得磁钉最多的组为获胜组，给获胜组颁发"玉文化小专家"荣誉证书。这个对于大人们来说不起眼的荣誉，学生却表现出异常的兴奋。无论是在课前还是在当时的课堂上，学生都非常活跃，对于熟知的答案他们会争先恐后想要回答，对于没有把握的答案他们会冥思苦想。每道题答完后，教师都要做对正确答案的分析和对内容的延伸，以及对下一题的导入。这样一来，学生的学习热情高涨，教师把自己的长处发挥得淋漓尽致，师生关系变得更加融洽。课堂气氛非常活跃，既实现了教学的要求，也达到了教学目的。

随着对新课程标准改革的不断实践和学习，作为美术教师的我们，有责任革新教育理念、教育方式和方法，使学生的美术鉴赏课堂生动、鲜活，更有责任使我们的学生成为适应时代发展、具备国际竞争力和持续发展能力的人才。

（评鉴教师：松山湖科技教育局教育管理中心　范崇岩）

教学品鉴二

本节课通过学生"自查资料—互助学习汇总—游戏形式检验—师生互动"，逐层深入、循序渐进地扩展和巩固知识。

课前准备阶段，引导学生利用计算机及网络信息技术资源，以小组为单位，收集与鉴赏内容相关的资料，一方面使学生有备而赏，缩短学生与鉴赏内容的距离，让学生对鉴赏内容产生兴趣；另一方面以小组为单位，可培养学生的合作交流精神和探究能力。

课中以问题为导向，把琐碎繁杂的学习内容改编成一道道问答题、选择题和实践题，把每班的学生分成四组，每组分别起一个学生自己喜欢的且和主题内容相关的组名。学生的学习热情高涨，教师做好授业、解惑工作，师生关系变得更加融洽。课堂气氛非常活跃，教学效果很好，实现了教学的要求，也达到了教学目的。

学生不仅在理论上了解了中国玉器文化、中国古代知名玉石，还能够在生活中学以致用。本课增强了学生的民族自尊心和自豪感，陶冶了他们的情操。

（评鉴教师：松山湖第一小学　梁杰钊）

我们的调色板

教学目标

1. 初步学习色彩的基础知识，学会对色彩的分析。

2. 体会色彩变换的美感，提高审美能力，提高色彩修养，提高对色彩的处理能力。

3. 学会用色彩表达自己的情感和运用色彩表现自己的个性。

教学重点

学习色彩的基础知识，了解色彩的三要素。

教学难点

运用所学的知识，分析色的明度和纯度，准确辨别色相。

教具准备

教科书、画纸、水粉画颜料、画笔、调色盘、盛水器、色环、色卡、电教课件、录音机、音乐磁带。

学具准备

教科书、画纸、水粉画颜料、画笔、调色盘、盛水器。

教学过程

一、导入

师：欢迎你们来到美术课堂！希望我的美术课会使你们心情愉悦，在陶冶情操的同时获得知识，在审美的过程中得到生活的体验。

师：首先，我们来做一个放松练习。跟我一起做深呼吸3次。然后，闭上眼睛，听钢琴曲《水边的阿狄丽娜》，并设想自己静坐在一片绿色的树林里，眼前有平静的湖水，湖面波光粼粼。远处传来小鸟的叫声。碧蓝的天空中，一朵朵白云在慢慢地飘过。听完乐曲，最后再次深呼吸3次。

师：我们生活在一个美妙绝伦的世界当中，每当清晨明媚的阳光照向大地,首先映入眼帘的是那五光十色的色彩世界。随着季节的交替、时间的推移,自然界的色彩千变万化。例如,在一天当中,那朝霞初上的早晨、阳光灿烂的中午、斜阳余晖的傍晚;在一年当中,那初春的一片嫩绿、秋天的一片金黄等,都呈现出迷人的色彩景观。

二、复习旧知识

师:大家在小学的时候都学过光的反射与折射,那么你们是否知道自然界中的色彩是怎样形成的呢?下面先请同学们看大屏幕,然后思考。

教师放映课件"光与色的分解",并提出问题"自然界的色彩是怎样形成的?"

学生讨论并得出结论:是因为光的反射而形成的。

师:大家说得非常好,色彩是由于光的刺激而产生的一种视觉效应,光是其发生的原因。当光线照射到物体上,物体反射出部分色光,色光进入我们的眼睛,我们便会看到某种色彩。因此研究光的物理性质是理解视觉本质的基础。振幅的差异造成明暗的区别,波长的不同则决定色调的不同。相反,没有光就没有色彩。那么,牛顿发现光通过三棱镜后分解出哪些基本颜色呢?

生:红、橙、黄、绿、蓝、靛、紫。

三、讲授新课

1. 教师放映幻灯片:色环。

师:下面,同学们4个人为一组,每人选2到3种颜色来调色,相互合作,试着动手画一下色环。画的同时请同学们思考为什么会形成这么多种颜色。

生(动手实践,讨论并总结):基本色之间不同量的混合及基本色与黑色、白色、灰色之间的不同量的混合,就能产生成千上万种色彩。

师：同学们说得非常好，说明大家已经充分调动起大脑的思维功能，已经学会通过动手、动脑来分析和总结规律。希望大家能够再接再厉！

2. 教师展示挂图，讲解明度轴，对比色彩的不同明度。

师：最亮的是黄色，最暗的是紫色。一个纯色加白或加黑后也会产生不同明度的变化（展示色卡）。这种变化即色彩的明暗程度，也就是色彩的明度。色彩的明度是色彩的基本属性之一。

师：色彩，有它独特的属性。我们通常把明度、色相、纯度称为色彩的三要素。明度，又称为色彩的亮度。色相指的是色彩的本来相貌，是色彩间相互区别时最为鲜明的特质。纯度指色彩的纯净或鲜浊的程度。

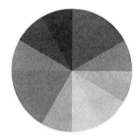

3. 教师结合教材上的范例，讲解以色相为主的对比、以明度为主的对比、以纯度为主的对比、色彩冷暖的对比。

四、色彩的欣赏与相关心理联想的探索

师：了解了这么多之后，我们回想一下，在生活当中色彩是否在无形中影响过我们的情绪和行为。例如，当我们看到绿色的森林、蓝色的天空、碧绿的湖水时，我们会感到很宁静、祥和，心里无比的舒畅与放松。

教师让学生欣赏教材中的图片，并让学生结合生活举例说说对色彩的感受。

师：色彩与冷暖——如冰是无色且透明的，给人的感觉是寒冷的；火焰是红色的，给人以灼热的感受；蓝色或绿色会给人以清凉的感受；等等。色环中，红、橙、黄属于暖色；青、青绿、蓝属于冷色；黑、白和紫属于中性色。在绘画中色彩冷暖的对比是相对的，不是绝对的。

师：色彩与季节——淡黄色的迎春花、绿色的田野是春天到来的象征；火辣辣的太阳是夏季独有的特色；秋季有枯黄的植物、深红色的枫叶；冬天的天空是青灰色的，给人以寒冷的感受；等等。

师：色彩与味觉——例如，看到方便面火红的包装袋，我们就会觉得它的味道很辣；看到青色的橘子，我们就会觉得它的味道很酸；见到棕黑色的凉茶，我们就会觉得它的味道很苦；等等。当然不同的人对色彩的感受是不同的，且不同的环境也会使感受产生差异。

师：色彩与情感——色彩能够让人产生明显不同的感受，也能够让人产生不同的情感联想。

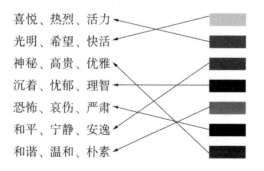

五、总结

师：这节课同学们的表现都很棒，能够积极、主动地举手回答问题，足可以证明大家在日常生活中,有认真留意和观察身边的变化。通过大家的共同讨论和积极发言,我们知道了不同的色彩会给我们带来不同的情感体验,同时我们也发现不同的人对色彩的感受也是不相同的。我们还知道在生活当中可以充分利用这些不同的色彩和人们的情感体验来为生活服务。比如,要让自己有一个轻松、舒适的环境,我们可以用一些淡雅的蓝色、绿色等色彩来装饰;过年的时候,为了烘托喜庆的氛围,就用红色的纸来写对联……

六、布置作业

师:最后,我希望大家能够把我们课上所学到的色彩联想和感受应用于实践。作为我们的课后练习,用我们所学过的色彩知识来完成一幅作品。例如,表现春、夏、秋、冬四季的情调或是个人对酸、甜、苦、辣等味觉的深刻体验等。下周一请美术课代表收好同学们的作品后交给我。在此我提出两点要求:一是要把握好色彩的明度、纯度、色相、冷暖的对比;二是要适当地用色彩表达感情。

教学品鉴一

这一节课的课题是"我们的调色板",但是真正的教学目的是了解色彩、认识色彩、感受色彩。所以从某种意义上来说,认识色彩只是对以前学过的知识的回顾,而更重要的是学生对色彩的情感体验,把所学到的知识融入自己当前的生活中去。

所以在备课的时候,我把这一课分成两个部分来上,第一部分让学生回顾和了解色彩产生的原因、色彩的三要素,以及以色相为主的对比、以明度为主的对比、以纯度为主的对比、色彩冷暖的对比等色彩的基本知识,让学生从理性上更进一步地认识色彩。第二部分让学生从感性上来认识色彩,重点讲解色彩与情感联想,注重学生自己的生活体验。在课堂上,我把心理学中的上位学习和美国著名认知教育心理学家奥苏伯尔的先行组织者策略应用其中。我注重针对学生的心理进行分析和解决问题。我注重学生的参与,让他们能够充分展开自己的想象力,提出他们自己的观点,使他们体会到学习的乐趣,在学到知识的同时也陶冶自己的情操，提升审美能力。

同时我还注重学生之间的相互讨论，通过"讨论—欣赏—讨论"，培养学生的探求精神。我还注重学生自己的情感体验和师生之间的交流互动。我还注重教材内容与实际生活的联系，例如，学习了本课中的一些色彩知识后，学生就会发现在实际生活当中我们也应用到了这样的一些知识。于是这些知识就不再枯燥地凌驾于人的情感之上，而是会和学生的实际生活联系起来。

提倡鼓励教育，体现出一种人文主义精神。以这样的方式上课，充分调动学生的积极性，学生能够积极主动地思考问题、回答问题。通过我的启发、引导，学生能够比较深入地挖掘实际生活当中一些和色彩有关的问题，并能够找到这些色彩的应用与情感之间的联系。

因此，在使用这套实验教材的时候，作为执教者的我们，不是简单地把课本上的知识灌输给学生，而是应该更进一步地拓展课本内容，把这些知识和学生的实际生活联系起来，通过启发、引导，使学生在接受教育的同时，受到美的熏陶，身心得到健康成长。

（品鉴教师：松山湖科技教育局教育管理中心　范崇岩）

教学品鉴二

本课是初中一年级的课程内容，主要是初步学习色彩的基础知识，学会用色彩表达情感。因为学生是初中生，所以在组织教学时，范老师通过一个心理放松的练习使学生进入一个相对轻松的状态，为后续的课程开展奠定良好的基础。导入和复习旧知识环节，使学生得以迅速进入学习状态中。

在讲授新课环节中，通过调色、思考、讨论、总结、展示挂图等得出色彩的基本属性。接下来通过视觉与心理联想的环节探索色彩与冷暖、季节、味觉、情感的练习，学生对色彩有更深入的了解。整体的课程设计突出了教师主导、学生主体的课堂地位，并充分运用了教育心理学来进行辅助教学，达到了良好的教学效果。

（品鉴教师：东莞市松山湖第一小学　裴崧淳）

剪团花，巧装饰

教学目标

1. 了解团花剪纸纹样的连续性、趣味性、装饰性与实用性的特点。
2. 学习团花的设计与折和剪的方法。
3. 感知团花剪纸的美感，激发传承民间艺术的兴趣。
4. 体验团花剪纸的艺术魅力和审美情趣。

教学重点

运用折与剪的方法，设计并制作团花纹样。

教学难点

运用团花的重复构成规律，创作与众不同的团花剪纸。

教具准备

方形纸、剪刀、展示用的纸灯笼。

学具准备

电子书包、铅笔、方形纸、剪刀、胶水、三角板。

教学过程

一、兴趣导入，初识团花——教师团花魔术表演

师：今天，老师先给大家表演一个魔术，请大家睁大眼睛注意看，看看谁能识破老师的戏法。这是一张方形纸，这是一把普通的剪刀，接下来见证奇迹的时刻到了！喜欢吗？其实，这就是我国传统的民间手工艺——剪团花。想学吗？今天老师就带着大家一起来剪团花。

二、观察、探讨古代团花——研究团花特征与规律

师：在学习之前，我想问问同学们，你们有没有发现老师的团花是怎样变出来的？

生：先折后剪。

师：大家观察得非常仔细！没错，团花都是通过先折后剪的方式而获得的。那么先折再剪的方式可以让团花呈现出怎样的特征呢？

师：现在请同学们看自己的电脑。（学生小屏幕观察、比较）这是一千多年前南北朝时期的两幅团花作品，一幅叫作"对猴团花"，另一幅叫作"对马团花"。请同学们观察和比较这两幅作品，并以小组为单位共同探讨一下，看看它们有什么共同的特征，图案的变化有什么共同的规律。

生：图案重复，以中心对称，连续。

师：也就是说先折后剪可以使团花呈现以圆心对称的、重复的、连续的特征。所以我们在学习剪团花之前，一定要先学会折。我们想得到多少重复、连续的图案，就要先把纸折成几等份。

三、发现团花特征——实验对折法

师：那我要考考大家了，请看大屏幕。这是一张方形纸，我想把它分成两等份，可以怎么折？我想分成四等份呢？如果再对折一次，能分成几等份？

师：好，我给大家1分钟的时间。请大家每人拿出一张方形纸，一起来折一折、数一数，看看3次对折后可以分成几等份。

师：大家的实验结果是？

生：八等份。

四、自主学习微课——了解团花设计与剪的方法

学生根据微课自主学习如何设计团花的花纹、如何剪，以及折与剪时应注意的问题。培养学生自主学习、观察和探究的能力。

五、剪团花基础尝试——学会发现问题和探寻解决问题的方法

师：剪团花是一种非常奇妙的手工艺，经常会给我们带来意外的惊喜。一个看起来简单的、普通的纹样，展开后会变得很美。看了刚才的微课，同学们想不想动手试一试？

师：看来大家已经迫不及待了，请大家听清楚要求。我给大家3分钟的时间，请大家用刚才折好的八等份的纸，参考团花常见的花纹图案，自己自由组合、设计花纹，或是参考老师设计的花纹剪一剪。如果你们在尝试中遇到了困难，请先组内交流，3分钟后，再进行汇总，最后解决。容易出现的常见问题有以下几种：（1）在折边的一边设计花纹，而另一边没有设计花纹，会导致纹样单一。（2）折边上的花纹图案左右相通，会导致团花作品断开。（3）没有设计外轮廓，外形没有变化。（4）花纹简单，图案单调。

六、分组再创作

师：现在，我们把同学们遇到的问题都解决了，接下来就可以进行新的团花作品创作了。这一次我给大家的时间是8分钟。同学们可以选用八等份的折法，也可以挑战一下自己，学习一下电脑上难度更大的六等份和十二等份的折法，自由组合，设计花纹。折法的视频现已分享到你们的电脑上了。

师：请完成作品的同学选一幅你们最喜欢的作品，装饰到本组的灯笼上。组内可以相互学习和帮助。

七、感受、传承团花文化

师：丰富多彩的团花作品展现在我们面前，远看花团似锦，近看花中有花，团团相聚。团花之美重在一个"团"字。那你们知道"团"字在传统文化当中代表着什么含义吗？

生：代表着团圆、圆满，象征着圆满完整、花好月圆、合家团圆、吉祥如意。

师：有了团花，灯笼变得更漂亮、更雅致了。有了团花，我们这里变得更热闹、更喜庆了！既然团花有这么美好的寓意，那么我们除了用它来装饰灯笼以外，你们觉得它还有什么用处？

生：过年时的窗花、婚礼时的喜花等。

师：我知道同学们有很多的奇思妙想，老师希望大家能够把自己的想法付诸实践，用我们的智慧和巧手来传承民族文化，来装点我们美好的生活。

教学品鉴一

我国剪纸有几千年的历史，在世界上享有很高的声誉，被列入国家级非物质文化遗产名录，而团花是中国剪纸历史上最悠久、运用最广泛的一种形式。本课例让学生学习团花的制作方式，在探究与实践中增强学生独立思考、解决问题的能力和自主学习的能力。

课程中，教师利用团花魔术表演的方式进行导入，直接而有效，学生在观察中总结其特征与规律。在探究环节中，学生在尝试制作的过程中总结遇到的困难和问题。学生在试错中发现问题并予以解决，学生自主总结经验、再创作的过程，体现了以学生为主体的教学理念。

（品鉴教师：东莞市松山湖青少年活动中心　蔡建平）

教学品鉴二

课前教师利用团花魔术表演导入富有创意，吸引了学生的注意力，为接下来课程的顺利展开做好了有效铺垫。通过提问的方式，教师将知识点展示在学生面前，让学生学会观察、思考。当然，学生初步尝试之后会出现各种问题，这里设计得比较巧妙的是让学生自己发现和总结问题，教师提供相应的解决办法，学生通过自己实践探索得到的知识会更加丰富和深刻。

后续的再创作阶段，照顾到不同学生的能力水平，采取了作业分层。最后的拓展延伸是本节课的点睛之笔，"团"字寓意的理解和团花图案的实际运用，都极大地传承和发扬了剪纸文化，升华了本节课的主旨，也增强了学生的文化自信，培养了学生的爱国情怀。

（品鉴教师：东莞市松山湖第一小学　赵琴）

教学品鉴三

本课所讲授的内容为团花剪纸，它是一门折纸和剪纸相结合的民间手工艺术，具有连续性、装饰性、趣味性和实用性的特点。通过学习本课，培养学生感知事物的能力、自主学习的能力、合作探究的能力、创造能力和动手能力。

三年级学生已经初步认识形、色与肌理等美术语言，能够使用各种工具，体验不同媒材的效果，能通过看看、画画、做做等方法进行表现，有一定的色彩基础，对美术也有着浓厚的兴趣。

本课的亮点具体表现在以下4个方面：(1) 趣味导入。新奇、有趣的团花魔术表演引起了学生对学习团花剪纸的兴趣，激发了学生的好奇心和求知欲，并营造了一个良好的学习环境和氛围。(2) 观察与探讨。学生以小组为单位，通过对古代团花的观察、比较、探究、了解团花的特征和呈现规律，对团花剪纸产生初步的认识，以此培养合作探究能力。(3) 实验对折法。学生在自主动手实验中掌握对折法，进一步了解团花特征，感受材料特性。(4) 尝试剪团花。学生运用剪纸的基本技法剪团花，感受民间剪纸的美，体验剪纸的乐趣，激发潜能，培养动手能力。

(品鉴教师：东莞松山湖实验小学　詹舒)

有趣的数字

教学目标
1. 让学生根据数字的特点进行想象与装饰。
2. 激发学生的想象力,培养学生创造美的能力。

教学重点
把握数字的特点与学会数字的装饰方法。

教学难点
引导学生根据数字的外形特征进行变化。

教具准备
魔术道具、图片、课件、彩色笔。

学具准备
铅笔、橡皮、彩色笔、白色画纸或彩色画纸。

教学过程

一、导入

师:今天这节课我们将采取小组竞赛的形式来比一比,看看哪一组的同学课堂表现最出色。获胜小组的每一个成员都可以获得老师的一件绘画作品。

师:现在我看看哪组同学坐得最有精神。我邀请了一位有趣的朋友给大家认识,你们想见见他吗?

生:想!

师:也许他和你们很熟哟!现在我请一名同学来帮我一起揭开他神秘的面纱。

师:你们认识他吗?他是谁呀?

生:他是数字零。

师：哦，我忘了介绍，他可不是普通的数字，他可是一位了不起的魔术师哟！他有变身的本领，你们信不信？我们让他变变看，好不好？注意看，别走神哟！我们一起数，1、2、3，好不好？

生：好。（齐喊1、2、3）

师：漂亮吗？你们猜猜看他还能变成什么。你们希望他变成什么？看看你们猜的和他变的是否一样。这次我们看看他又变成什么了。你们觉得这个会变身的数字有趣吗？好不好玩？你们想不想进入他的世界去玩一玩呢？

生：想！

师：那好，今天我就带着大家一起进入一个有趣的数字世界。

二、讲授新课

师：现在我们来玩第一个游戏，游戏的名字叫作"揭秘魔法师"，看看谁能发现魔法师零的变身秘诀，说说他是怎样完成变身的。你们可以举例说明他是如何完成变身的。勇于回答问题的同学可以为你们组争得荣誉。

师生共同总结出数字零的变身方法：（1）拟人法。在数字的基础上添加了眼睛、嘴巴、手、脚和表情，使它变成了人的样子。这种方法叫作"拟人法"。（2）添加法。在数字的基础上添加了颜色、花纹和图案。这种方法叫作"添加法"。（3）联想法。根据数字的外形特征，展开想象，把它变成与外形相关的东西。这种方法叫作"联想法"。

师：这下，魔术师的变身秘诀都被我们知晓了，你们开心吗？

生：开心。

师：先别高兴，现在我们要开始闯第二关了，你们准备好了吗？第二个游戏的名字叫作"猜猜我是谁"。请大家来猜猜看：他们都是哪些数字变的？运用的是哪些变身的方法？

师生观看课件的图片。

生1：是2，联想法。

生2：是7，联想法、添加法。

生3：是4，拟人法。

生4：是8，联想法。

生5：是9，添加法、联想法。

师：我们班的同学不仅很聪明，还非常有眼力。现在，我们要进行第三关的游戏，游戏名字叫作"帮我变一变"。这里有0、1、2、3、4、5、6、7、8、9十个数字，他们都想让同学们帮助他们变变身，你们想帮助谁呢？你们想帮他们怎么变呢？我想先找几名同学说一说。

生6：我觉得0像葡萄。

师：你真有想象力。

生7：我觉得1像铅笔。

师：你的想法不错。

生8：我觉得7像斧子。

师：你的这个想法很形象。同学们的这些想法都很奇妙和独特。现在，我想给同学们看看我的设想，好吗？

生：好！

师：（边播放幻灯片边说）我想先帮助的数字是5，我觉得5可以是戴着帽子的少女，5可以是神气的海马，5可以是可爱的小蛇，5可以是漂亮的凤凰。除此之外，我这里还有很多新奇的创意作品。下面我给同学们看一看，希望这些作品能给大家一些启发。

学生欣赏创意作品。

师：看了这么多新奇的作品，我想同学们已经迫不及待了。但是，我们在动手之前一定要看清楚要求：用你们喜欢的数字变身方法，帮你们喜欢的单个数字或组合的数字变身。可以直接用油画棒画，但尽可能地要做到构图饱满、色彩丰富、造型独特、装饰有新意。

三、学生设计，教师辅导

师：注意构图，加小背景。（主体突出、色彩丰富、线条流畅、造型独特、构思巧妙、富有创意）

四、作业评价

教师将学生完成的作品粘贴到展示板上。

师：请同学们说一说自己画的是什么，运用了哪些变身方法。可以从造型、色彩、装饰、创意几个方面来说。

生9：我画的是葡萄，运用了联想的方法，把0想象成葡萄的样子。

生10：我画的5和7，运用了拟人法和添加法，给他们添加了眼睛、嘴巴和手。他们变成了人。

师：同学们说得真精彩，构思很巧妙，掌声送给他们。

那么今天你们在数字的世界里玩得开心吗？有哪些收获？

生11：学会了帮助数字变身的方法。

生12：收获了知识，得到了同学的鼓励。

师：在这个收获的过程中，你们能够勤于思考，大胆发言，勇于创造。真是一群了不起的孩子！老师希望你们以后一如既往地喜欢美术课，热爱生活。

教学品鉴一

范老师巧妙地将游戏"揭秘魔法师"引入课堂，让学生对数字的艺术装饰过程有了直观的体会，培养了学生创造美的能力，为学生的创作打下了坚实的基础，激发了学生的浓厚兴趣。作业评价更是将学生的积极性调动了起来，使每一位学生都积极参与到课堂中来。

在开发学生的想象力上，范老师让学生在原有数字的基础上进行变形，进行再创造，利用多种方法构建他们心目中的数字王国。建议范老师少说、精说，起到引导和对知识点总结的作用，让学生多讨论、多发表意见。如设计"生活中你见过哪些有趣的数字？他们发挥了什么作用？"等问题来引导学生，每幅作品都有它的优点和缺点，评价不应该只有表扬，还应该有指导性。又如设计更巧妙的评价方式，让师生之间、学生之间互动起来。

观摩让我学到了很多东西，从教学设计到课堂的实效性都值得我好好去研究。一节课教会学生什么？学生能学到什么？怎样做到有效课堂？这都值得我去思考。

(品鉴教师：东莞市常平镇第一小学　陈学文)

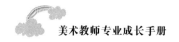

教学品鉴二

生活中处处有数字。本次教学活动范老师以学生生活中随处可见的数字为内容,执教"有趣的数字"一课,给了我很大的启示。下面就我的心得体会做以下几点说明。

第一,注重思维开发,拓展思维空间。范老师通过引导学生观察数字特征,让学生感受生活中的数字、体验数字的多种含义,通过创设问题情境来激发学生思考和归纳数字的装饰方法。以数字为载体,通过数字造型游戏,培养学生的想象力与创造力,发展学生的形象思维能力。本课通过创设情境、探究、创新、共享等教学策略来引导学生掌握装饰数字的方法。

第二,注重情感激发,形成良好的价值观。本课最大的闪光点是能将数字融入故事中,通过做游戏、变魔术等活动设置情境,提高学生学习的积极性,提高学生的参与度。在教学内容上能由画好数字的外形到做好数字的装饰,能较好地引导学生从大构图到小装饰进行全面的把握。

第三,注重参与过程,促进自主发展。在美术知识点的学习上,范老师着重讲解数字变身的方法,通过归纳拟人法、添加法、联想法等,引导学生学会数字的创新,培养学生的创新思维和实践能力。

本次教学活动以学生生活中随处可见的数字为内容,让学生发现生活中的数字,以综合化的形式、游戏化的过程、生活化的内容、经验化的讲述,让学生发现、了解生活中的数字,并在生活中学会运用数字。

(品鉴教师:深圳东方英文书院 张园园)

漂亮的闹钟

教学目标

1. 知识与技能：

了解闹钟的基本结构。

2. 过程与方法：

（1）在比较中找出闹钟的基本结构。

（2）在想象中抓住闹钟的基本结构进行创新设计。

（3）在评价中感受、体验美的设计。

3. 情感、态度、价值观：

培养热爱生活、美化生活的人文情怀，培养细致观察、勤于思考的习惯。善于学习他人的优点和长处。

教学重点

掌握闹钟的基本结构。

教学难点

抓住闹钟的基本结构进行想象与设计。

教学用具

闹钟、多媒体课件。

教学过程

一、导入

师：首先，我请大家猜个谜语，看谁的思维最敏捷、谁的反应最快。

师：猜谜语——一匹马儿三条腿，日夜奔跑不怕累，马蹄哒哒提醒你，时间一定要珍惜。

生1：钟。

师：你们知道闹钟在生活中有什么作用呢？除了告诉我们时间之外，

闹钟还有没有其他的作用呢？（提示：我们在买闹钟的时候会选一些什么样的闹钟呢？是随便选一个，还是会精挑细选特别一点的呢？）

二、讲授新课

师：我家就有两个漂亮的小闹钟，一个叫乐乐，另一个叫叮当。你们想见见他们吗？可是最近他们遇到了麻烦，有一天我家的那个"小调皮"把他们的零部件给拆散了。现在我想请同学们帮帮他们，把他们的零部件重新组装起来。谁愿意帮帮他们呢？（很多同学举手）看来同学们都非常有爱心，都希望能够帮助别人，大家先别着急。一会儿我叫4名同学到前台来组装闹钟。两个人为一组，组装闹钟。

师：台下的同学也是有任务的。我们先来看看我们要完成的任务：(1)看他们组装得对不对。(2)比较一下两个小闹钟有什么不同的地方。(3)根据你们的观察，你们觉得闹钟是由哪些基本部分组成的？

师：对于我们要完成的任务，你们都清楚了吗？现在我找两名男同学和两名女同学一起来组装这两个闹钟。其他的同学认真观察，并完成任务。

教师出示闹钟的零部件，让学生组装完整。

师：看我们两组同学把乐乐和叮当组装好了，他们组装得对吗？真是又快又好！太棒了！为了表示对你们的感谢，老师奖励你们每人一个印章。台下的同学们，你们的任务完成了吗？你们找到两个小闹钟的不同之处了吗？他们都有什么不同呢？

生：外形，钟面上的图案、数字、指针的形状。

师：根据你们的观察和经验，你们觉得闹钟是由哪些基本部分组成的呢？

生：钟座、钟面、时间数字、指针（时针、分针、秒针）。

师：乐乐和叮当在大家的帮助下重新恢复了原来的模样，他们很开心，我准备介绍一些他们的好朋友给大家认识。让我们看看他们的朋友各自有什么特色。哪位同学愿意为我们描述一下你看到的这个闹钟与众不同的地方？（我们可以从组成部分来描述）

生2：钟的形状不同。

生3：圆圆的钟面上没有传统的阿拉伯数字，而采用12种动物的形象来标记。说明钟的时间数字不仅可以用阿拉伯数字表示，还可以用动物的形象、罗马数字或其他形式来表现。

生4：指针可以用花纹和图案来装饰。

师：除此之外，他们还有很多造型各异、各具特色的闹钟朋友。看了这么多闹钟，你们觉得他们漂亮、可爱吗？

三、创作与设计

师：你们想拥有一款自己独立设计的闹钟吗？那怎样才能画出漂亮的闹钟呢？

生5：通过对钟的几个组成部分进行装饰，来对闹钟进行美化。

师：下面就让我们一起来思考一下画闹钟的步骤吧！

闹钟的绘画步骤：

A. 画出闹钟整体的造型。

B. 画出闹钟钟面的形状和钟面上的图案。

C. 画出闹钟的时间数字。

D. 画出闹钟的指针（时针、分针、秒针）。

E. 装饰闹钟的各个部分，并涂上漂亮的颜色。

F. 若时间充足，还可以给闹钟加上漂亮的背景。

师：下面的时间就交给大家了，你们可以尽情地展开想象，画出你们认为最漂亮的闹钟。

学生完成作业，教师巡视辅导。

四、课堂小结

学生展示作业，教师稍做点评和总结。

师：这节课同学们表现得都非常出色，大家不但掌握了画闹钟的基本方法，还善于思考，勇于发现别人作品中的优点和长处，找到自己的不足之处。相信只要同学们用眼去观察，用心去感受，就会发现平凡的生活中美无处不在。祝愿同学们每天拥有阳光般的笑容！

教学品鉴一

看到"漂亮的闹钟"这一教学设计时,我开始回想自己上课时会怎么上这节课。

范老师的教学设计中,在第二环节直接请四名同学重组闹钟,其他同学带着任务观察。相比之下,我之前让学生看着图片了解闹钟基本结构的做法就显得干巴巴了。对于闹钟的基本结构这个问题,大部分学生是能掌握的,但是在本课的教学中,它是基础,是开展下一环节的必经之路。"重组"这一措施,既激发了学生的学习动力,又开发了学生的思维,可谓一举两得。

"漂亮的钟"这一课的教学设计,让我懂得了有时候让学生说,不如让学生做,在做中学,在学中做。

(品鉴教师:东莞市东城第六小学　陆梓纯)

教学品鉴二

这节课的内容是孩子们熟悉且喜欢的——闹钟,非常贴近他们的生活,对学生来说具有吸引力,极大地调动了学生参与的主动性。从猜谜语导入,再创设情境,从对比中,学生了解了闹钟的不同种类,激发了自己求知的欲望与对闹钟的兴趣。在教学中,学生的心理特点决定了他们比较喜欢的闹钟类型是卡通类型的,这为接下去的闹钟的制作做了一个很好的铺垫。

本课通过对闹钟的描绘和制作,培养学生的创新意识及设计与制作能力,激发学生对美术的兴趣,让学生体验成功的快乐。活动的成功与否,并不在于学生绘画水平的高低,而在于学生参与的热情。

通过对作品的分析,学生既快又好地完成了闹钟的绘画过程,并且学生想象力极为丰富,制作的作品形式各不相同。学生不仅掌握了画闹钟的基本方法,还善于思考,勇于发现别人的优点和长处,找到自己的不足之处。

(品鉴教师:东莞市松山湖第一小学　梁杰钊)

无痕空间——荷塘创作

教学目标

1. 知识与技能：了解视觉空间的基本规律，了解基本的空间构图知识，合理地安排画面。

2. 过程与方法：在观察和思考中，自主总结出现实生活中视觉的基本规律；在游戏中，潜移默化地了解和感受不同的空间构图给人带来的不同视觉感受；在艺术创作中，体现个性化的审美情趣，提升美术构思与创作能力。

3. 情感、态度、价值观：在观察和比较中，表达自己的思想和看法；在合作探究中，培养发现问题、解决问题的能力；在创作中，培养审美情趣。

教学重点

对空间关系（视觉规律和构图）的认识和理解。

教学难点

运用对空间关系的理解和认识，进行荷塘的创作。

教学过程

一、奥秘探索（观察和探索视觉的基本规律）

师：你们看到了什么？对比前后的荷花和荷叶，你们发现了什么？它们有什么变化和规律？

生（观察并总结规律）：大小、宽窄、深浅、前后、圆扁。

师：现在我们一起来验证一下大家的观察结果。我们看到眼前的这种近大远小、近宽远窄、近深远浅的变化，就是视觉的基本规律。

二、初试摆荷（发现构图的常见问题，解决问题）

师：今天老师也为大家带来了一池荷塘，你们想象一下老师的荷塘会是什么样子的。是不是有点失望？你们觉得老师的这池荷塘哪里让人感到不舒服？你们觉得哪里有问题？

师：请选用词语表达画面给你的感受，例如，我认为现在的画面缺少变化、零乱无序、空洞。你们还能找到其他的词语来表达吗？

生1：不符合视觉规律。

生2：排列整齐，给人感觉死板。

生3：没有节奏和韵律，缺少联系，给人感觉零乱、无序。

生4：画面空的位置太大，给人感觉很空洞。

师：谁愿意帮帮老师重新展现荷塘的美景？

学生两人为一组，合作摆荷。

师：他们摆得漂亮吗？你们想来试试吗？这么多同学都想来试一试，看来，每个人心里都有一池自己喜欢的荷塘。老师也很想见到你们心中的荷塘。由于时间的关系，老师不能让你们一个一个地来展示了，但我觉得你们可以把心目中的荷塘展现在画面中。

师：刚才我们摆来摆去安排位置的过程，在美术中有一个专门的词叫构图，又叫布局。构图的学问很高深，需要我们以后慢慢去体会和研究。接下来让我们一起欣赏一幅作品，看看别人是怎样安排位置、怎样构图的。

师：第一，这幅作品把荷叶摆放得有的高，有的矮；有的在前，有的在后。画面上的每一个物体像朋友一样相互依偎。第二，我们的荷塘除了有荷花、荷叶、莲蓬之外，还可以多一些什么呢？还可以适当地加上小鱼、蜻蜓、蝴蝶、青蛙、小鸟、水草等，使画面多一些生气。画面左上方可以有适当的留白，不会给人空洞的感觉。第三，这幅作品中，荷花和荷叶虽然很多，却很有节奏和秩序，在空白的地方点缀了蜻蜓，画面非常生动。第四，在这静止的画面中，我们似乎看到了小鸟在飞、小鱼在游，听到了水滴滴答答不停地滴在水面上。给人无限的遐想！

师：作品就欣赏到这，现在轮到你们大显身手了！

三、用速写创作心中最美的那池荷塘

教师要求学生用速写创作心中最美的那池荷塘，具体要求如下：

① 符合视觉规律的变化。② 合理安排物体的位置。

学生创作完毕后，教师进行辅导。

四、展评

师：你们最喜欢哪一幅作品？

生5：我喜欢×××同学的荷塘。

师：你为什么喜欢她的作品？

生5：嗯……

师：你一时想不到合适的词语来表达，没关系。你可以选词语表达。

生5：我觉得画面很优雅、很生动！

师：你觉得画面哪里还可以变得更美？

生5：我觉得已经很完美了。

师：还有哪位同学愿意说一说？

生6：我喜欢×××的作品。

师：说说你的理由。

生6：我觉得她的作品很有个性。画面中还可以多画一些荷花。

师：还有同学吗？

生7：我喜欢×××的作品，但我发现作品中留了太多的空间，可以加一些蝴蝶或是荷花。

师：还有同学吗？

生8：我喜欢这幅作品，他的水滴画得很好。

师：你能用一个合适的词来表达吗？用自己的话也可以。

生8：这样使画面栩栩如生。

师：这个词用得好！你觉得画面中还有什么不足的地方吗？

生8：我觉得还可以加一些荷叶，使它们相互之间多一点联系。

五、总结

师：同学们，这节课你们通过观察和思考自主总结出视觉的基本规律，又通过摆荷多角度地体验、感受，掌握了一定的构图方法。你们的作业完成得很棒，展现了自己的个性，而评价也很精彩。让我们带着一双发现美的眼睛去观察，会发现生活中的美无处不在。

教学品鉴一

欣赏本实例课程，我对无痕教育这种以实现教育的内在生成、自我构建和自我教育的模式有了更深的理解。抛开课本内容，教师经过思考，进行课程的设计，这在课题研究、教学内容、教学方式、教学案例、教学策略等方面是对教师的一个挑战，本课例很好地表现出教师对课程目的的把握。

教学引导学生观察和总结规律，在总结的过程中，教师利用准备好的词语，帮助学生表达画面传达给他们的直观感受。

学生自主探究，通过合作、试错、对比，重构心中最美的那池荷塘。让学生在观察中发现视觉现象，总结视觉的透视规律。通过摆荷，学生在体验中发现构图常见的问题，并通过讨论合作解决问题。

课例中每个环节都体现了教师的智慧和深思熟虑，体现了无痕教学不是"不教"和"放任"，而是更好地教。无痕教学功夫在画外，要注重学生能力的提升和人格的塑造。无痕教学中的"痕"即框框，无痕就是没有框框和标准，给予学生无尽深远的创造和表达的空间。

（品鉴教师：松山湖青少年活动中心　蔡建平）

教学品鉴二

教师在进行问题引导时，语言简洁，问题具有指向性，这样会让课堂更有凝聚力，学生也能紧跟课堂的节奏。

通过教师摆荷、学生合作摆荷，巧妙地解决了视觉空间、构图的问题，学生在尝试中也能发现意想不到的画面组合。仅仅摆放荷叶还不能阐述空间关系，教师又通过引入起点缀作用的小物体，让学生体会画面的生动，例如，加入蜻蜓、水滴等元素，可以让画面更具有想象的空间。

教师善于于无形中植入德育，例如，"画面上的每一个物体像朋友一样相互依偎"是一种美的体现，画面很温馨。

展示与评价在每一堂课中都起到至关重要的作用，既能让学生树立自信心，也能让学生从中发现问题，还能让学生之间相互学习和共同获得进步。

（品鉴教师：东莞市茶山镇第三小学　席华敏）

趣味纸笔插

教学目标

1. 知识与技能:掌握纸笔插的设计步骤和制作方法,制作纸笔插。
2. 过程与方法:

在比较中感受纸造型的独特,了解纸笔插的制作;在实践中探索学习方法,发挥想象力进行创作,发展立体空间思维;在创作与评价中感受纸笔插的造型美、色彩美、装饰美。

3. 情感、态度、价值观:热爱生活,热爱学习,善于观察和思考,勇于发现他人的优点和长处。

教学重点

纸笔插的设计步骤和制作方法。

教学难点

纸笔插的创意设计,表现纸笔插的造型美、色彩美和装饰美。

教具准备

课件、笔筒成品、供学生使用的色卡纸(若干张)、剪刀、美工纸、胶水。

学具准备

剪刀、裁纸刀、胶水、尺子、色彩笔、油画棒等。

教学过程

一、猜一猜:这是什么?

师:今天这节课我打算亲手做一份礼物,送给我们班的一名同学,你们说送给谁好呢?看来大家的意见不统一,也没有更好的主意。这样吧,现在我们做一个游戏,通过游戏来决定这份礼物应该送给谁,好不好?这个游戏的名字叫作"猜猜我是谁"。

师：我说一下游戏规则。老师将现场制作的礼物送给同学，谁能最快、最准确地猜出我要制作什么礼物，我就把这份礼物送给他，并且给他所在的组加1分。要求是：① 必须举手回答你猜到的内容。未经老师允许就说出答案的，无效。② 不能重复别人说过的内容。重复说出和别人相同的答案的，无效。

师：下面我要开工了！大家可要仔细观察。首先，让我用几秒钟的时间构思一下我该怎么做、做成什么样子。制作过程：折→装饰→粘贴→加底→调整。看出它是什么了吗？认真观察，认真思考，迅速反应，看谁能最快猜到。现在你们看出来它是什么了吗？对，是笔筒，也叫笔插。刚才是谁最先猜到的？现在我把这份礼物送给他，并且给他的组加1分。

二、比一比：你们觉得哪个纸笔插最有趣？为什么？

师：看着××同学灿烂的笑容，大家投来了羡慕的眼神。这样的纸笔插你们喜欢吗？那想不想自己也拥有一个呀？那好，这节课老师就教大家一起来制作纸笔插。

师：在学习之前，我先请你们和我一起参加一个纸笔插的展览会。让我们来比较一下，看看哪个纸笔插最有趣，你们最喜欢哪一个，并且说一说为什么喜欢。如果让你们做，你们会做一个什么样的纸笔插？你们可以从造型美、色彩美、装饰美几个方面进行比较。

师：展览会我们就看到这，下面请同学们说一说。

生1：造型美。可以把纸笔插设计成圆柱体、长方体、正方体、三棱柱等形状。

生2：色彩美。色彩鲜艳、丰富、搭配合理。

生3：装饰美。除了用这种装饰方式之外，还可以用其他的装饰方式，如直接绘画、剪贴装饰、绘画与剪贴相结合。

师：我们还可以用到哪些装饰的内容？

生4：动物、植物、人物、花纹、风景等。

三、想一想，说一说

师：刚刚我们看了那么多生动、有趣的纸笔插，它们可以是长方体、圆柱体，也可以是三棱柱。色彩丰富、鲜艳，装饰漂亮、奇特。想必大家已经迫不及待了，老师已经给大家准备好了工具、材料，接下来的时间我们就准备进行设计和创作了。在动手之前，我想请大家回忆一下老师在"猜猜我是谁"游戏中的示范，说一说制作纸笔插应该先做什么、再做什么。

生：① 构思纸笔插的造型，确定纸的大小。② 设计纸样，留出粘贴处。③ 剪、卷、折、粘贴（从平面变立体）。④ 添加装饰。

四、做一做：设计、创作与表现

课堂作业：利用色卡纸每人动手制作一个纸笔插。

要求：① 突出纸笔插的实用性、装饰性和趣味性。② 先独立完成，遇到解决不了的难题可通过小组合作的方式完成。

五、展一展，评一评

集中展示各组制作好的纸笔插，然后评一评：① 谁的纸笔插最美观、最实用、最有创意？② 谁的作品中哪个方面值得你去学习？

六、课后小结

师：除了用色卡纸外，我们还可以利用生活中的废旧材料制作出更有趣的纸笔插。这节课同学们表现都非常出色，大家善于思考，积极发言，认真观察，大胆创意，并且勇于发现别人作品中的闪光点，找到自己的不足之处。相信只要同学们用心去观察，用心去感受，就会发现平凡的生活中充满了乐趣。希望今天"趣味纸笔插"一课会给你们带来一些灵感！

七、教学反思

本课教学我主要分三部分，即导入部分、欣赏部分、设计制作部分。

引入部分我以猜一猜等活动吸引学生，激发学生的学习兴趣。

欣赏部分我提供了风格、造型各异的纸笔插作品供学生欣赏、参考、比较和探究，既有简洁、稳重的方形组合，又有色彩艳丽的自由形状组合，还有趣味性很浓的动物造型……在引导学生了解纸笔插的基本形状和结构的同时，让学生发现纸笔插的实用性、装饰性和趣味性，拓宽他们的审美视野，并鼓励他们要有创新思维，要敢于想象新奇、特别的造型，并要注意和谐、统一的色彩搭配。

设计制作部分要求学生用粘贴组合成型与插接组合成型这两种造型方法。教学时，我引导学生根据教材提供的造型方法图例进行探讨、尝试。而插接的技巧、有创意的构思则是这节课的难点，我引导学生注意以下几点：① 观察和比较材料中生动、夸张的纸笔插作品，可以具象形设计，如人物、动物、植物等；也可以根据抽象图形进行联想，着重从外形、图案装饰等方面思考。② 插接的纸要厚度适中，切口要整洁。③ 提倡小组间的互相合作，共同解决学习难题。

由于欣赏部分时间掌握得不好，欣赏内容多了，造成制作时的时间不够，有几个小组没完成作品。今后在时间分配方面一定要把握好。

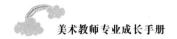

教学品鉴一

美术教师如何提高课堂教学的魅力？研读范主任的"趣味纸笔插"教学设计，我看到了只有不断创新美术教育，才能展现美术学科的独特魅力。给学生一个自由想象的空间，最大潜力地挖掘他们内心世界的艺术美，从而培养他们的艺术综合能力。

一、教学方法灵活

教学过程应该带给学生一种愉悦的和积极的情感体验。因此，我们在知识的传授中应该充分关注学生在学习过程中的状态。范主任在这堂课的引入部分以猜一猜等活动吸引学生，激发学生的学习兴趣，关注学生在师生互动、自主学习、同伴合作中的行为表现、参与热情、情感体验、思考探究的过程，不拘泥于教材。

教学有法，亦无定法，贵在创造，妙在灵活。范主任在课堂中的欣赏部分提供了风格、造型各异的纸笔插作品，供学生欣赏、参考、比较和探究，既有简洁、稳重的方形组合，又有色彩艳丽的自由形状组合，还有趣味性很浓的动物造型……以充分激起学生求知欲，让学生能在美术课堂中懂得感知艺术、感受生活。

二、创作形式丰富

创造性思维训练能有效地开拓学生的思维方式和丰富学生的表达方式,具有明显的效用性,对学生创造能力的培养具有很重要的作用,为美术课堂练习注入了新的活力。

本堂课上范主任在引导学生了解纸笔插基本形状和结构的同时,让学生欣赏纸笔插的实用性、装饰性和趣味性,拓宽审美视野,并鼓励他们要有创新思维,要敢于想象新奇、特别的造型,并要注意和谐、统一的色彩搭配。

现代社会正需要这种不拘一格的创新意识,需要学生把想象运用到创造上,而美术课程被公认为是培养创造力最具成效的课程之一。

三、小组合作探究

教师可以引导性地让学生组织、设计、分工、讨论,让学生在生活中寻找美术、参与美术活动,让学生走进美术,以自己独特的方式享受美术的快乐,表达个人的情感,获得审美的体验。

范老师在本堂课设计和制作部分要求学生用粘贴组合成型与插接组合成型这两种造型方法,教学时,还引导学生以小组合作的方式,根据教材提供的造型方法图例进行探讨、尝试。为解决本课难点,引导学生观察和比较材料中生动、夸张的纸笔插作品,可以运用具象形设计,如人物、动物、植物等,也可以根据抽象图形进行联想,着重从外形、图案装饰等方面进行思考。

本堂课不仅锻炼了学生的能力,还让学生在活动中获得了体验和感悟,在体验和感悟中学生又发展了新的能力。

教学是一门艺术。要让灵感火花在课堂中不断地闪现,让我们的美术教学永远充满生机与活力,让学生尽情地享受美术的乐趣,我们将为之不断探索!

(品鉴教师:东莞市松山湖中心小学　黄娜)

教学品鉴二

范老师的"趣味纸笔插"一课,我从中收益颇丰。首先,作为新教师，我学会了如何在教学中做到环环相扣，让学生热爱生活、热爱学习、学会思考、学会观察，培养学生、团结互助的优良品质。

在课程的细节处我学到以下几点。其一，全课以"趣"为主要导向，从不同的造型、颜色、装饰等出发，引导学生发现多种可能性，因为不同才创造无限可能。其二，通过欣赏让学生有整体观念，教师的步骤示范让学生了解每个步骤，遇到难题时以小组合作的方式解决，培养学生的全局观。其三，可以"变废为宝"，培养学生节约资源的优良品质。

（品鉴教师：东莞市松山湖第二小学　陈孝明）

美丽的花园

教学目标

1. 知识与技能：感知花的基本特征，能运用各种媒材表现特别的花。

2. 过程与方法：在游戏中培养学生团结合作的探索精神；在比较中了解花的基本特征，感受花的色彩美和形态美；在合作创作中，大胆运用媒材，根据花的特征进行想象、变化，创造性地表现有个性的花。

3. 情感、态度、价值观：培养学生团结协作、勇于探索的精神，加深学生对生命价值的感受，提倡助人为乐，让学生体验快乐课堂、幸福人生。

教学重点

感知花的形态和色彩特征，利用各种媒材和点、线、面、色等艺术语言表现特别的花。

教学难点

感受花的形式美。

教具和学具准备

拼贴：几何形色块（2组）、胶水、白纸。

拓印：手指拓印（2组）、颜料、白纸、调色盘。

绘画：大头笔（1组）、白纸；油画棒（1组）、白纸；水粉颜料、白纸；颜料、调色盘、白纸。

教学过程

一、导入（借花之趣）

师：今天老师给大家带来了一个发生在花园里的故事。

有一个漂亮的小姑娘，她叫珍妮，她有一双明亮的眼睛，有一头长长的卷发，头顶还戴着一朵小花。一天，妈妈叫她帮忙买东西。珍妮走在路上，路过一片花园，被眼前美丽的鲜花所吸引，花儿们正准备举行盛大的选美比赛。

优雅的兰花，舒展着身姿，摆弄着白裙子，格外典雅！牡丹花的裙子多极了，她穿了一层又一层。菊花的头发美极了，她不停梳理着。每一朵花都在精心打扮着自己。

这时候有一朵小花和她的姐妹们害羞地躲了起来，那是为什么呢？因为她觉得自己一点都不美。可是，选美比赛马上就要开始了呀！怎么办呢？小花和姐妹们商量着："不如我们同时出去。"姐妹们同意了她的建议。小花鼓起了勇气，大声喊："一、二、三！"刹那间，千万朵小花缀满枝头，那种美压倒了所有争奇斗艳的花。就这样，小花和她的姐妹们奇迹般地获得了选美比赛的冠军。

师：老师的故事就讲到这。我想问问同学们，听了这个故事，你们懂得了什么道理？

生1：做事情要团结。

师：谁还想说说？

生2：我们大家都要团结，一棵大树不能够挡住很大的风雨，但很多大树聚到一起甚至能挡住洪水。所以，我们大家要团结在一起。

师：你说得真好！她们所阐述的都是团结的重要性。那么，老师想提醒一下同学们，如果小花不去参加比赛，她会取得最后的成功吗？

生3：如果她不去参加的话，她就不知道自己会不会成功。要去试一下才有机会赢。

师：也就是说我们做事要勇于去尝试。这个故事告诉我们做事要有信心，要勇于探索，还告诉了我们团结的重要性。

二、尝花之味（表现方法）

师：下面，我们一起来玩个游戏，看看哪组同学最团结、最有探索精神。游戏的名字叫作"魔法百宝箱"。（出示PPT）

师：现在每一个组的桌面上都有一个神秘的宝箱，每个宝箱里都有宝物，游戏要求我们在3分钟之内用宝箱里的宝物变出美丽的花来。还

有个温馨提示：音乐停止时游戏结束。现在请每组组长打开宝箱的盖子，开始玩游戏。（播放音乐）

学生尝试用宝箱里的材料制作花，教师巡视并指导。

师：好，同学们，音乐停止了，游戏结束。请同学们坐好。现在请各组组长将本组作品按照组别序号贴到前面的黑板上。其他同学认真观看作品。

师：现在让我们看看前面的这些作品，谁来告诉我们你的宝箱里有什么宝物？你是怎样运用宝箱里的这些宝物的？

生4：有盘子，盘子里有很多颜料，还有笔。

师：那你是怎么用这些材料的呢？

生4：用笔蘸着颜料来画。

师：哦，你是用画的方式来表现花的。还有谁想说说看？

生5：我们组的宝箱里有颜料、盘子。我们是用手蘸颜料，然后这样蘸出来的。

师：嗯，你们是用手印出来的是吗？

生5：对。

师：他们是用印的方式。还有哪组想说说？请你来说。

生6：我们组的材料是油性笔，我们是用笔来画的。

师：你们组也是用画的方式来表现的。还有谁想说说看？

生7：我们组有很多色块，我们是用色块拼出来的。

师：也就是说你们是用拼贴的方式表现出来的。原来我们可以用画、印、拼贴这么多的方式来表现花。嗯，现在老师很好奇，很想知道同学们对自己的作品是否满意。老师看到很多同学在摇头。你们想不想把这些花变得更美一些呢？怎么变呢？

生：想！

师：大家先别着急，下面请大家认真观察以下几组图片，看看别人是怎么变的。看谁能找到好办法。首先，看这朵花，我们观察一下这朵花有什么特征。

生8：它的花瓣一层一层的，一卷一卷的。

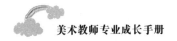

师：我们看看别人是怎么表现的。谁看出来了？谁来说说他是怎么把花变出来的？

生9：是用线条。

师：那你知道用哪些线条呢？

生9：直线、波浪线。

师（演示线条表现的花）：好，我们接下来往下看，观察一下它有什么与众不同的地方。

生10：花瓣像蝴蝶的翅膀。

师：还有什么特征？

生10：花瓣是一片一片的。

师：我们看看别人是怎么表现的。他运用的是哪种方法呢？

生10：他是用色块粘贴的。

师：是的，他是用不同形状和颜色的图形拼贴的。现在，老师也给小花贴上一些色块。

师（示范用色块拼贴叶子）：现在是不是比刚才漂亮些了呢？

师：大家看，哇！这些花好像很特别，对吗？谁能说说它们特别在哪呢？

生11：花瓣像是小勺子。

师：我们来看别人是怎么表现像小勺子一样的花瓣的。他用的是哪种方法？

生11：用一些点。

师：除了用点来表现之外，还有没有运用到其他的绘画元素？

生11：还有线和颜色。

师：现在我也给我的这朵小花添上一些点，这下是不是更好看了？为什么呢？

生11：因为又加了点。

师：那刚才有什么？

生11：有线和颜色。

师：老师的这幅作品综合运用了点、线、色几种绘画元素，使作品更丰富、更耐看。现在，老师请大家继续欣赏几幅点、线、色相结合的作品。看这幅作品，它是用油画棒画出来的花。这一幅，请同学们来说。

生12：是用色块拼贴出来的。

师：那这一幅作品又是怎么表现出来的？

生13：是用毛笔和颜料画出来的。

师：我们再来看这幅作品，这幅作品挺特别的。它是用笔画出来的吗？

生14：不是，是用手。

师：我们再仔细看看，画面上还有一些指纹呢！这说明什么呢？

生15：画是用手指印出来的。

师：同学们，你们知道吗，点、线、色本身就是我们美术创作的魔法。有了这些魔法，你们又有宝箱里的宝物，这下有信心把花变得更美了吧！

三、现花之韵

师：大家看，那边空空如也的大花园，正等着我们添上美丽的花呢！（出示PPT）现在请同学们运用点、线、色等，结合宝箱里的材料，以小组为单位，创作美丽的大花园。（温馨提示：音乐停止时，停下手中的事，并坐好）请各组组长拿出创作大花园的纸。游戏开始。

教师播放音乐，巡视辅导，并强调点、线、色的应用。

师：孩子们，音乐停止了！游戏结束。现在，请各组派两名代表把你们的花摆到大花园中去。

四、悟花之道（课堂拓展）

师：大家看，在你们的共同努力下，百花盛开了，真美呀！在这个花园中，每一朵花都是与众不同的，都是你们智慧的结晶。我想问问大家，今天你们有什么收获？

生15：我收获了用色彩来画，用手指来印花。

生16：我学会了团结协作完成作品。

生17：我收获了快乐，了解了团结、合作的重要性。

师：我听出来了，今天同学们不仅收获了用各种表现形式和表现方法来表现花，还了解了团结合作的重要性。看来，今天大家的收获满满的。

师：大家看，老师今天也有收获，我刚在花园里发现了一朵神奇的花，它有7片不同颜色的花瓣，它叫……

生：七色花。

师：《七色花的故事》你们听过吗？

生：听过！

师：那我可要考考大家了，七色花有什么用处？我来请一位同学回答。

生18：可以实现人的愿望。

师：故事中的小姑娘珍妮用最后一片花瓣做了一件怎样有意义的事情，使她很开心、很快乐？

生18：她帮助了一个残疾的小男孩恢复了健康。所以，她很开心、很快乐！

师：假如你是珍妮，你也有一片这样的花瓣，你会许下怎样有意义的愿望呢？

生18：我希望所有的人都快乐。

师：你是个非常善良的孩子。

师：老师听说只要你把愿望写在花瓣上，寄给花婆婆，你的愿望就一定能实现。所以，老师给每位同学都准备了一片这样的花瓣，请同学们将你们的愿望写上去，然后放到前面的花篮里，老师会把你们的愿望寄给花婆婆，这样你们的愿望就可以实现了。老师也有个愿望：我的愿望是祝福天下所有善良的人都能够"美梦成真"！今天的课就上到这，请同学们将写好的花瓣放到篮子里。

教学品鉴一

范老师以其娴熟的教学基本功和良好的课堂驾驭能力，为大家呈现了一节二年级的美术课"美丽的花园"。她能赢得现场观课领导、专家和老师的高度评价，我认为这主要应归功于其清晰的课堂设计思路（层层推进）和新颖的课堂设计理念（新颖的沙画表演、生动的故事情节、有趣的游戏活动、快乐的合作），既带给学生无穷的乐趣，又带给观课教师美的享受。

1. 突出游戏性

喜欢玩游戏是人的天性。人在玩游戏的时候，通常也是最放松的时候。正因为"游戏"这一特性，"游戏教学"也被越来越多的教育研究者所提倡。"美丽的花园"从"尝花之味"到"现花之韵"，均由学生借助各种工具、材料，运用各种自创的方法，自由自在地表现各自心目中美丽的花朵。在游戏的过程中，适时、适当地补充学科知识，如花的颜色、形状等，强调自由自在地在"玩中学，学中玩"。这种自由自在实际上就是游戏精神的精髓所在。从某种意义上来说，突出游戏性的实质是强调愉悦性。

2. 追求情感性

在缺少情感参与的教育教学中，卢梭认为，"学生的光滑的头脑可以像一面镜子似的，把教师给他们看的东西都反映出来，但没有留下印象。"情感教育需要情感来激发。"美丽的花园"从《花儿选美》中花儿的勇敢、合作，到《七色花的故事》中七色花的帮助他人，以故事为主线贯穿整堂课的始终，也以浓浓的情感色彩引领着学生的情感变化。既深化了学科知识，又实现了必要的情感、态度、价值观的无痕渗透，可谓"一石二鸟"。

3. 具有创新性

创新是艺术的生命，创新也是美术课堂不懈追求的目标。"美丽的花园"创造性地以新颖的沙画表演导入课堂，瞬间功夫，便把学生和听课老师的目光牢牢吸引；"美丽的花园"还创新地引导学生使用工具、材料进行艺术表现，也为学生的积极参与提供了良好的保障。

4. 强调生成性

课堂教学因有了生成，而有了生机。任何一堂按部就班的课，都很难激起学生和观课老师的热情。"美丽的花园"的精彩纷呈，是与课堂上的精彩生成分不开的。如：学生对《花儿选美》故事的总结，对材料、方法的探索等。

刚刚颁布的《义务教育美术课程标准（2022年版）》与旧版的最大不同就在于对课程性质的定位。"美丽的花园"在范老师超强的领悟能力和扎实的课堂教学基本功的基础上，让《义务教育美术课程标准（2022年版）》第一时间焕发出独特的魅力，也让我们在课堂上感悟着"美丽的花园"。

（评鉴教师：东莞市大朗镇长塘小学　李志荣）

教学品鉴二

这一节课，我听过两次，能感受到崇岩想把它打磨成一节展示课，展示完美课堂，展示完美自我。确实，她做到了！

第一，从教学设计上分析，她对教学三维目标、重难点把握得很准确。怎样评价一节课的教学目标及重难点是否把握到位？我觉得有3个标准：课的容量，过多过少都是不合适的，让学生在有限的40分钟学到足够多的知识和技能；精准，学生在40分钟里能掌握这些知识和技能；实效，学生在40分钟里学到的知识和技能是有效的，能提高自身的艺术素养。而这样的教学目标又是如何实现呢？通过对课程理念的准确理解，通过对学生学情的准确分析，通过对自己教学水平的理性认知。这一节课，单从这一点来看，崇岩潜下心去了！

第二，教学过程，是一个赏心悦目的过程。故事导入，辅以沙画演示，让大家眼前一亮。试想，一位美女教师，一副柔婉的嗓音，讲出一个美丽又充满童趣的故事，这是一件何等赏心的乐事！学生自然被吸引进来了。

（评鉴教师：东莞市高埗镇西联小学　冼添欢）

光影是表现形体的突破口

教学目标

通过学习本课，学生在理解物体结构的基础上，对光影关系有进一步的认识和理解，并能够借助光影关系，更好地表现物体的空间、体积和质感。

教学重点

利用光影意识，表达形体的空间、体积和质感。

教学难点

将光影应用到整体的绘画当中去。

教学过程

一、导入

师：我们知道处在空间中的任何物体都具有三度空间，即都具备高度、宽度、深度。如果只具有高度与宽度，则只是一个平面，因此必须同时具有一定的深度，才能构成立体关系。法国著名画家保罗·塞尚说："在感受自然时，对我们来说，深度比平面更为重要。"

师：下面请大家来看大屏幕。这是高二特长班开学初的摸底考试试卷。我选取两名同学的作品让大家来比较一下，看看这两幅作品，你们有怎样不同的感受？

学生分组讨论并回答。

师：总体来说，其中一幅作品显得比较单薄，缺乏表现力；而另一幅作品画面饱满，空间感、体积感相对比较明显。

师：接下来，请大家思考一下：我们应该用什么样的方法来解决空间感和体积感问题呢？

二、讲授新课

师：在素描绘画当中，要在平面上表现一个圆形是相对比较容易的，但是要想在平面上表现圆球体就没那么容易了，必须借助一些特定的方法来表现。

师：我们都知道，在一定的光线照射下，由于物体的那些面受光的强度不同，因此产生了不同的光影变化。例如，我们从对立方体与圆球体的研究中，可以认识到物体的三大面、五大调子光影变化的基本规律。三大面，即亮面、灰面、暗面（受光面、灰面、背光面）。五大调子即高光、中间调、明暗交界线、反光、投影。我们在塑造单个形体的时候，一般要从物体暗面当中的明暗交界线开始着手进行表现。明暗交界线不是一条线，而是灰部和暗部的交界部分，是表现单个形体空间感和体积感的关键部位。

师（出示球体切面图）：大家请看大屏幕，这是一个切面球体图。从图中我们可以清晰地看到明暗交界线是由朝向、形状、大小、宽窄和深浅不同的面所构成的。球体明暗交界线在球体的突出部分，它的明暗程度相对比较深、比较实。到球体边沿部位的时候明暗程度逐渐变弱。明暗交界线向亮面和暗面过渡的部分，要明确过渡灰面的朝向、形状和深浅的特征。

师：在日常绘画中，我们所要表现的往往不是单纯的立方体或者球体，而是一些复杂的形体。那么，我们应该怎样把这种光影意识应用到复杂形体的写生中去呢？（出示苹果特写）比如，画苹果，这是刚才两幅作品中两个苹果的特写。请同学们分析一下：画面中两个苹果的塑造有什么相同之处和不同之处？

生：相同之处——画面中两个苹果都是按照球体的基本规律来分析和表现的。（看起来都是类似球状的苹果）。

生：不同之处——空间和体积的表现方面。（提示：塑造单个物体的时候，表现物体的空间感和体积感要从哪些方面着手？）

师：在明暗交界线的表现方面，明暗交界线基本上是一条割裂的线，在结构转折部位缺乏明暗和虚实的变化。苹果突出的部分要深一些、实一些。

师：还有就是明暗交界线向亮部和暗部过渡的部位，要添加向不同方向转折并且有明暗变化的灰面，有了这样的转折关系，画出来的画才比较耐看。如苹果窝的部分，是一个倒圆锥的体积关系，它分为受光面、背光面和灰面。

师：以上我们通过对两个苹果的分析、概括和总结，得出了处理明暗交界线的两个要点：① 是面非线。明暗交界线，它不是线，而是灰部和暗部的交界部分，由朝向、形状、大小、宽窄和深浅不同的面构成。② 形转色变。明暗交界线及明暗交界线向亮部和暗部过渡的部位的光影关系和明暗变化一定要随形体结构的转折而发生微妙的变化。

师：回过头来，我们再来看一下这两幅作品，在光影关系中，除了明暗交界线的处理之外，还有哪个部分影响画面空间感和体积感的表现呢？

师：我们还以这两幅作品为例。我们看一下两幅画中空间感和体积感对比最明显的部位"白色衬布"。一个比较平，另一个体积感较强。那么我们来看一下，体积感较强、起伏明显的衬布是通过什么表现出来的？

生：苹果的投影和衬布本身的投影。通过投影的虚实和起伏表现出来的。

师：左边作品中的投影形状单一，虚实表现牵强，没有表现出所投到物体的形体变化。而右边作品中处理的投影虚实变化微妙，可以更好地拉开空间，并且能使投影有意识地表现出所投物体（衬布）的结构、起伏及明暗关系，有效地表现形体的体积感和空间感。换句话说，衬布的空间感和体积感是通过苹果的投影和衬布本身的投影表现出来的。

师：画面中有些形体的投影关系容易被忽视。例如，画面中的这两个砂锅。看这两个砂锅，你们发现了什么问题？（是什么导致两种不同的效果？）砂锅属于复合形体，是圆柱体和圆球体的组合。一个部位和另一个部位的衔接部分都会发生光影的变化。

师：左侧作品忽略了局部转折部位投影的关系与结构之间的联系，

导致物体看起来较平，缺乏表现力。而右侧作品的空间感和体积感较强。从这里我们可以得出，无论是大形体还是小形体都存在投影关系。

师：用投影来表现形体的例子很多。我们来看用投影表现形体的图片。看花瓶的投影，这是一个平面打到桌面上，再是一个立面、一个平面，表现了立方体的形体关系。接下来有个立面，表现出了后面的背景布。这样一个四度空间的形体关系，有效地体现了形体关系和整个画面的空间感。

师：通过分析以上实例，我们可以总结出处理投影关系的两个要点：一是形影不离，二是影随物转。形影不离，是指能看到形体的地方就一定会有投影，不管是大形体还是小形体。影随物转，是指投影要随着所投物体的形状、结构、起伏、深浅、明暗的变化而变化。

师：光影作为表现形体的有效途径，利用光影来表现形体的应用非常广泛。尤其体现在对复杂形体的塑造中，可以说光影成就了一代又一代的艺术大师（法国的米勒、中国的徐悲鸿等），也许不久的将来我们当中也会出现更卓越的艺术大师。

三、总结

师：本节课主要讲的是利用光影来解决空间感和体积感的问题，主要是从明暗交界线和阴影这两个方面来分析和研究的，并且总结了处理明暗交界线和阴影的几个要点。下面的时间，我们结合这节课所讲的内容进行写生训练，即利用光影关系表现形体的空间感、体积感。利用光影来表现形体，可以更加写实地表现出物体的质感。可以使画面浑厚、结实，具有很强的视觉冲击力，更突显画面的惟妙惟肖、生动鲜活。

教学品鉴一

教师的专业素养决定了教学的高度、深度，从教学设计中可以看出教师具备深厚的专业知识并将其用于教学。是面非线、形转色变、形影不离、影随物转几个要点的提炼，生动、形象地讲解了光影的变化，让复杂、深奥的知识点变得简单明了。

教师通过带领学生观看、分析高年级学生的作品，有效吸引了学生的注意力,引导了学生思考、发现其中的问题,生发知识点,以连接下一环节,顺理成章进入三大面、五大调子的知识讲解,而教师聚焦一个点(明暗交界线),深挖物体的空间变化及与光影的关系,让学生理解光影在绘画中的重要性;教师又通过画苹果的实例与理论结合,深入浅出,让教学变得简单易懂。

对投影的分析和讲解,教师又回到高年级学生的两幅作品,很好地将知识与实际运用联系起来,为课堂练习做好了铺垫。

(品鉴教师:东莞市茶山镇第三小学　席敏华)

教学品鉴二

有幸评范老师执教的"光影是表现形体的突破口"一课。面对大好的学习和交流机会,在这种良好的学习氛围中,我有了不小的收获,下面就我的心得体会做以下几点说明。

第一,激趣导入,巧用作品。人们都说好的开始是成功的一半,以比较两名特长班学生的试卷导入,引导学生初步体会空间感、体积感,使其被光与影的魅力所折服,产生了浓厚的兴趣,并顺着兴趣的指引进入了课堂。

第二,合作探究,发现技巧。范老师引导学生对发现的作品中的问题进行深入探究。主要问题为个别物体体积感塑造不足,整体画面空间感表现不足。探究并发现体积、空间、明暗交界线对光影表现的重要作用及表现原理,进而引出如何处理它们之间的关系。

第三,总结提升,深化技巧。通过对两幅苹果画的分析、概括和总结,师生共同总结并得出了处理明暗交界线的两个要点:是面非线、形转色变。处理投影时,须注意形影不离、影随物转。

第四,及时练习,掌握技巧。本节课主要讲的是利用光影来解决空间感和体积感的问题,主要是从明暗交界线和阴影这两个方面来分析和研究的。范老师引导学生及时练习,在实践中掌握技能和技巧,深化认识和理解。

(品鉴教师:深圳东方英文书院　张圆圆)

第二辑
教学研究才是课程的起点

导语： 我们要成为什么样的教师，才能守护作为育人主阵地的课堂？该以什么样的方式去守护？怎样守护会更好？如果说教师的价值体现在课堂，那么教学研究就是对课堂教学工作中的具体问题进行分析和论证。这不仅体现了教师对增强自身专业能力的要求，还体现了其对提升课堂教学水平的态度。

微课：走在美术高效课堂的前沿

——小学美术微课的设计与应用探究

在通信技术高速发展的今天，随着信息化学习环境的变化，在全球范围内，一种开放教育资源运动蓬勃发展起来，"微"教学模式逐渐兴起。对微课的理解众说纷纭，但教育界普遍认为，微课是为了使学生能自主学习，获得最佳的学习效果，经过精心的信息化教学设计，以流媒体形式展示的围绕某个知识点或教学环节开展的简短、完整的教学活动。围绕着微课的特点和作用，我开展了微课设计与应用的实践研究。研究微课的立足点是为了提高学习效率、学习效果、学习效用，即保障课堂高效。通过近一年来的实践和探索，我总结和提炼了一些美术学科设计与应用微课的方法，以提高课堂效率，促进学生对知识的建构与能力的发展。

一、微课设计：聚焦美术高效课堂的学生需求

微课的设计目的是使学生的自主学习能够获取最佳的学习效果，因此，设计微课的核心是体现学生的学习需求。在设计之前，教师需要换位思考，充分考虑学生的年龄特点和知识储备，思考学生在学习过程中遇到的各种问题，从学生的需求角度设计微课。

1. 选题——体现以生为本的知识结构

微课的设计常常需要教师打破原有的知识结构和教学体系，重组教学内容。所选取的教学内容，要明确目标，要清晰微课须解决的问题。并非所有的教学内容都适合做微课，必须是美术教学中的重点、难点和易错点。首先，选取的内容不能太浅显，学生一看就会的内容不需要做微课。以三年级下册第11课"剪团花，巧装饰"为例。三年级的学生已

具备一定的观察、思考和动手能力，况且通过二年级"我们的大花瓶""有趣的剪纸娃娃"的学习，已经掌握了一些关于剪纸、折纸的方法。在这种情况下，要掌握对折法中的二折法和四折法，学生是完全可以通过已有的经验来完成的，通过制作微课来传授就显得有些大材小用了。其次，选取的内容不能太宽泛，必须要有针对性。仍以"剪团花，巧装饰"为例，本课的难点在于能运用团花重复构成的规律，创作与众不同的团花，侧重点在于如何折、如何剪、如何设计，学生可以轻易解决折和剪的问题，无需再做微课，关键在于如何设计。如果为了追求知识的全面性将团花的寓意、折和剪的方法都加入微课之中，就会顾此失彼，失去微课的价值所在。

2. 构思——体现以生为本的教学策略

微课最关键、最根本的衡量标准是学生的学习效果，学生能否在短时间内快速地掌握知识，微课内容的传授方式（教学策略）就显得尤为重要。形式新颖、设计巧妙、针对性强的教学策略，往往更能够激发学生的兴趣，吸引学生的注意力，起到事半功倍的效果。如何吸引学生的注意力呢？首先，微课的设计必须符合学生的认知规律，符合学生的年龄特点，语言精练且具有针对性。其次，教学策略要能够以小见大，直指原因和对策，或将理论暗含于问题、故事、策略中，通过巧妙设疑，有悬念地层层递进，使学生产生情感共鸣与认同感。如在"荷塘创作之空间处理"的微课创作中，我选取了空间处理作为微课的主题内容。空间处理既包含了构图知识，又包含了透视知识，涉及的内容专业性极强，如果通过常规的讲授方法来传授，不仅需要耗费大量的时间，学生也会感到枯燥乏味，进而产生厌学的心理。于是我针对学生的年龄特点改变了教学策略，紧紧抓住了学生喜欢做游戏、喜欢纠错的特点，把学生难以理解的构图和透视知识，有效地转化成学生容易看懂、容易理解的游戏，让学生通过探究和反复摆位置的实验，掌握构图方法，从而解决了知识点的掌握问题，也让学生明白了一个道理，即同一个问题可以有不同的解决方法。经过一段时间的尝试，我发现好的微课总是会发人深省，让学生看到背后的问题，使学生的学习不是停留在肤浅的表面，而是能针对问题本质进行深度思考，以训练学生的思维能力，发展学生发现问题、解决问题的能力，有效减轻学生的负担。

3. 制作——体现以生为本的精美技艺

微课是利用网络多媒体技术展示和传播的，因此除了教学策略的设计以外，恰当和充分地使用信息技术，制作精美的融画面、文字、音乐于一体的视频是确保微课成功的重要基础。无论是运用录像、Flash 动画，还是综合运用多种形式穿插进行的形式，除了保障微课呈现的形式新颖、生动、有趣以外，最后呈现到学生面前的必须是一个精致的视频，尤其是美术学科的微课，讲究成像清晰、画面唯美、语言精练、音效恰当，要突出艺术性，体现审美的情趣，能使学生在瞬间产生共情。

二、微课应用：促进美术高效课堂的有效生成

微课为教学和学习模式的创新而生，它唯一存在的理由是应用，让教师教得轻松，让学生学得快乐、学得高效。微课是按照认知规律，运用信息技术呈现碎片化学习内容、过程及扩展素材的结构化教字资源。可应用于课前预习、课堂教学、课后复习，应用于不同的时空，可以产生不同的教学效果。

1. 课前应用——课堂翻转

以"荷塘创作之空间处理"为例。课前教师将教学的重点或难点即处理空间关系时应该注意的问题制作成微课视频，让学生于课前按教师所提供的导学案的教学目标先自学，学生的自学不是盲目的，而是有方向、有目标的，在自学的过程中学生记录未能解决的问题和存在的种种疑问。学生带着这些问题在课堂上以小组讨论的方式进行组内交流和思维的碰撞，交流后对组内未能解决的问题进行汇报，这时就需要组间探究或向教师寻求知识援助，以便解决问题。课前使用微课可以充分发挥学生的主体作用和教师的主导作用，改变原来僵硬死板的教学模式，注重培养学生学会发现问题、思考问题、分析问题、解决问题的能力，使课堂翻转过来，使学生从原来的"学会"，转变为现在的"会学"，体现"先学后教、能思会学"的思想，最终让学生的自主学习成为一种习惯，

合作自主探究成为一种常态，为学生的后续学习和终身学习奠定基础，并产生深远的影响。

2. 课中应用——生本高效

微课，可融入真实的课堂情境，但不能完全代替课堂教学。微课是整个教学组织中的一个环节，要与其他教学活动、环境相配合。仍以"荷塘创作之空间处理"为例。这个微课不仅可以应用于课前，也可以根据学生的家庭条件和学习环境应用于课中。此微课从学生的角度提出问题，随后才有问题的解决方法。目的是通过摆位置的游戏，让学生清楚什么样的空间处理是不合适的、不耐看的，帮助学生从侧面理解主次、聚散、节奏等的含义。通过远近色块的对比，学生理解近大远小、近宽远窄、近实远虚的透视关系，避免在绘画创作中出现类似的问题。在课堂应用时，可从学生的角度提出问题后，点击暂停，防止学生被动地接受，把问题抛给学生去思考和讨论，给学生以探究问题、解决问题的空间，促进知识的内化。

又以"剪团花"，巧装饰一课为例。在课中我应用了两节微课，第一节微课"如何设计、如何剪"用于课堂重点知识的讲解，用3分钟的时间抓住学生的注意力，简明扼要地点明了本课的知识要点和难点——折、剪设计时需要注意的要点，将本来复杂烦琐的演示说教以微课的形式展现，巧妙地帮助学生完成对知识点的学习，进而解决问题。把节省下来的时间还给学生，让学生有充分的时间和空间进行思考、探究、表现、评价和实践，有充分的时间学习更多的知识，挑战难度更大的学习内容，以最少的时间消耗，获取最佳的学习效果。而第二节微课"团花六等份和十二等份的折法"用于课中的拔高拓展自学，在学生达到了基本的学习目标的前提下，对学生提出了更高的要求，使已掌握本课重点的学生有所挑战和突破，保证了不同层次学习能力的学生的学习需求，保障了教学的均衡和公平。课堂上运用微课，也可以使教师得到充分的解放，教师可以利用学生自学微课的时间，有针对性地对学生进行辅导，关注特殊的学生，实现面对全体学生的有效教学。

3. 课后应用——培优辅差

课后的微课应用，主要体现在可使学生随时随地复习学习内容，特别是帮助知识薄弱的学生重复学习，避免学生将知识遗忘。微课也可以帮助学生自主查缺补漏，有效完成培优辅差的工作。

三、微课反思：推进美术高效课堂建设的发展效用

微课的实施与应用旨在打造高效课堂，着眼于学生长远发展的需要。微课的设计常常需要教师打破原有的知识结构和教学体系，重组教学内容，因此需要教师能够将教学内容烂熟于胸，信手拈来，有高度的知识驾驭能力。微课要求在很短的时间内将知识讲解清楚、解决问题，这需要教师有非常娴熟的教学技巧，能够熟练运用各种教学工具与方法，掌握教学过程中的每一个环节。教师是园丁，不仅传播知识，还教书育人。微课可以将点滴的教育思想和处世为人的原则潜移默化地传授给学生，可以起到传统课堂说教达不到的效果。因此，教师通过微课传递知识的同时，要尽量融入文化育人的内涵。在教学实践中使用微课，需要变革原有的教学模式，比如，采取翻转课堂、智慧教室、学生小组合作等方式，这样才能充分发挥微课的作用。因此，教师要有变革教学的勇气，去思考，去创新教学，愿意进行教学改革。这对教师传统的教学观念、方法等都是一个挑战，教师必须学习先进的教育理念，提升学科专业水平，强调以生为本的思想，掌握信息技术的手段，同时，还要做到有认识、有胆识、有知识和有共识，即要对微课有深刻的理解与认识，要有教学改革的勇气和胆识，要有学科的专业知识与技能，还要有通过微课传播知识的共识，这样才能把握好微课，才能克服制作微课时遇到的困难和应用好微课。所以，微课的实施与应用不管从学生的角度还是从教师的角度，都要体现长远的发展效用。

STEAM 导向下的小学美术课程统整教学策略研究

一、STEAM 导向下的小学美术课程统整教学可行性分析

1. 什么是 STEAM？

STEAM 是 Science（科学）、Technology（技术）、Engineering（工程）、Arts（艺术）、Maths（数学）这 5 个单词的缩写，是指集科学、技术、工程、艺术、数学多学科的项目学习。强调学生在项目和问题的引领下，运用多学科知识进行探究性学习，以提升创新品格和创新能力，培养综合素养。

2. 什么是 STEAM 导向下的小学美术课程统整？

STEAM 导向下的小学美术课程统整是指为了弥补中小学教育体制下出现的学生创新能力不足，而将 STEAM 教育理念引入教育体系，在 STEAM 教育理念的支撑下，立足于培养学生的创新精神和动手实践能力，以美术学科为切入点，以"物以致用"的设计思想为核心，融合科学、信息技术、综合实践及其他学科的学科功能、课程目标、课程资源和学习方式而进行课程的统整。

3. STEAM 导向下的小学美术课程统整实践条件

目前，国内的各科教材都以学科专业专属的内容为知识主体，割裂了学科之间的联系性，使得学科与学科知识无法相互渗透。各科知识都在各自的单科时间内互不相通，学生所形成的能力为单科能力，由于课时和科目的限制，学生所掌握的知识多为片面的、零碎的，难以有效地应用于生活实际。STEAM 教育作为一种培养复合型人才的跨学科整合教育模式，对提升学生的创新、创造能力具有重要的作用与积极的意义。而美术学科的功能和任务就是为人、为社会服务。《义务教育美术课程标

准（2022 年版）》从促进学生素质发展的角度，划分了"欣赏·评述""造型·表现""设计·应用""综合·探索"四个学习领域，同时又指出四个学习领域的划分是相对的，每一个学习领域既有侧重的地方，又相互交融、紧密相关，形成了一个具有开放性的美术课程结构，涉及多学科内容，其本身就有多学科知识的融合特征。而美术学科所提炼的五大核心素养"图像识读、美术表现、审美判断、创意实践、文化理解"中，后三项核心素养在其他学科中也有体现。不言而喻，美术学科与其他学科之间存在共通之处，如若只注重各学科之间的相对独立性，就无法全面地关注学生的实际发展需要。美术的灵魂是创新，而 STEAM 学科统整是创新的最好实践途径之一。基于此，以美术为核心的 STEAM 统整课程实施是学生整体发展的需要。

二、STEAM 导向下的小学美术课程统整教学策略实践

STEAM 美术统整课程，"统"是在保留原来美术学科独立性的基础上进行学科内部的融合，即融美术学科的各学习领域；"整"是一种主张整合若干相关联的学科而成为一门更广泛的共同领域的课程。统整课程是指打破传统分科课程的知识壁垒，融合两门或两门以上学科领域的课程，即"N+"。这里特指美术学科各学习领域与其他学科之间的交互渗透与整合，具体从学科功能、项目目标、课程资源、学习方式四个方面实施统整，使各学科间形成一种互补互生的生态学习关系。

策略 1："N+"学科功能统整

"N+"学科功能统整，即以美术学科功能为主线，统整科学、数学等多学科。STEAM 统整课程的构建，根据不同学科的教育功能，赋予学科各自相应的应用价值。美术学科以视觉形象承载和表达人的思想、观念、情感态度和审美情趣，重在培养学生的观察能力、想象能力、创造能力，提高学生的审美情趣，并且能将这些能力迁移到其他领域，从而促进各领域的学习。科学学科是关于自然、社会和思维的知识体系，其任务是揭示事物发展的规律，探求客观真理，作为人们改造世界的指南。科学教育在为学生创新活动和奠定科学基础知识的同时，更为重要的价

值在于培养学生发现问题、主动探索未知的创新意识。因此，以最贴近儿童生活的美术作品的设计和创作作为STEAM项目研究的主线目标，根据人们生活中的实际需求和审美需求对作品进行创新设计、动手制作，并结合Scratch或Arduino搭建和编程控制，使之智能化，为探究活动提供技术支持和科学理论支撑。

信息技术能够有效地优化学习过程，提高学习效率，改变教育的现实条件和外部空间，能够高效解决记录、查询、自学、演示、展示、汇报等学习应用，以突出教育信息化对促进教育教学的实效，使技术功能与教育目的完美结合。在整个STEAM统整课程的教学中，信息技术是必不可少的教育教学技术手段，我们恪守"教育为本、技术为用"。而综合实践学科本身就是从学生的真实生活和发展需要出发，在生活情境中发现问题，并转化为活动主题，通过探究、服务、制作、体验等方式，培养学生综合素质的跨学科实践性课程。因此，基于以上美术、科学、综合实践等学科育人功能的融合，构成了一个以具有实用性和创新性的美术设计作品为研究目标，以科学为技术支撑，以信息技术工具为学习、记录、演示、汇报方式，以综合实践活动方式开题、研究、结题为实施路径的STEAM探究活动的策略体系。

策略2："N+"项目目标统整

"N+"项目目标统整是以美术学科为主线，将多个课程育人目标统整为以美术主题项目为主的多个课程项目活动，项目研究的每一个关键步骤都涉及相关学科知识的习得与深化，是一种课程体系的重构，这种重构并非各学科知识的简单组合。一是由课程体系重构组成员与相关课程的专家依据现有的课程体系目标、学生发展的客观规律和生活实际，以发展儿童核心素养为目标，深入分析和挖掘各学段美术学科与各学科课程目标的契合点，构建最核心、最本质的关联；二是根据关联的核心目标及儿童的心理特点和认知规律，选取最贴切儿童生活需求的主题项目，通过学习、思考、讨论等方式，制订工作方案，做好活动计划，分工合作进行教学内容的开发、选择、重组和再优化课程结构；三是以体验式、游戏化等情景模拟为最为适合的方式，引导学生在重构课程目标的驱动下，根据自身的学习能力，设置不同的学习活动、学习任务和学习目标，引导学生以项目和问题为导向，创新思维，自主探究，动手实践，合作互助，以实现学生学习与社会生活紧密联系的统整，提高学生的关键能力和必备品质，达到全面发展的育人目标；四是对学习过程及学习成果开展研究报告、研究过程汇报、研究过程反思、研究成果讨论、研究成果展示等形式的科学和有效的评价，将过程和成果内化为学生的综合能力。

策略3："N+"课程资源统整

STEAM课程统整不仅要打破学科间的界限，也要突破校内外资源的界限，课程资源不再局限为单学科的教科书与相关的资料，在同一主题的背景下，不同课程之间的教学资源可以相互借鉴，寻求资源的最优选择，将测量、电子、机械搭建、编程控制、3D打印技术、激光切割、金属加工、木工等与艺术创作相结合。"N+"课程资源统整就是当社会资源能为课程提供有利条件时，我们便会突破课程资源的时空限制，将课程整合延伸到校外。在主题学习中，美术教学可以与其他学科知识、校园文化、社会生活相互渗透，课程资源由课堂延伸到课外，由学校延伸到社会，让学生在活动中主动地探究，达成经验和知识、社会和生活、学校和家庭的资源整合。教师、家长、社会各界人士、同学都可以成为学生探究的伙伴，这种"立体多元式"的学习方式让学生和学生之间、学生与教师之间、学生与社会人士之间等参与课程探究的成员形成了学习共同体、生命共同体、研究共同体。这种整合使课程不再局限于学科资源的整合、校内资源的整合，而扩展为各种资源的整合。

策略4："N+"学习方式统整

STEAM课程统整不同于传统教育，不同学科教师不再是各自为政，而是你中有我、我中有你的合作互助和兼容并蓄的同伴。教师需要打破传统单一学科教研的形式，不同学科的教师因为同一个主题目标走到一起，开展跨学科教研活动。各位教师不仅要研究透本学科主题项目知识，也要了解其他学科特点、功能，寻求同一主题下各学科的共同育人价值，共同设计体现教学内容内在逻辑的教学形式，对教学的内容进行开发、选择、重组和再创造，提高学生、教师的整体认识和理解问题的水平，形成完整的知识结构的价值取向。这种跨学科的教研形式对于承担课程统整的教师来说是个巨大的挑战，但这也必然会促进教师的专业发展和教师团队的建设，助力教师专业成长。

教师与学生之间不再是主导和主体的关系，而是探究的同伴。以美术综合性课程与其他学科进行整合的形式为活动方式，以探究的思想和模式让教师与学生一起在做中学，在学中做，将美术融入生活，将生活情景融入教育，将科技技术融入课堂，不断地鼓励和培养学生综合运用多门学科知识的能力，使学习与生活越来越紧密，在STEAM理念下或自主或合作动手将一个个新奇的想法付诸实践，制作成作品。这种综合性学习不仅有利于学生理解科学、工程和技术等领域的抽象概念，还有利于学生发展创新能力、综合设计能力和动手实践能力。

三、STEAM导向下的小学美术课程统整教学案例分享

以智能家居系列小夜灯项目活动为例。首先通过调查学生的生活需求，确定了制作项目主题。学生通过分组查阅资料、研究、讨论、制订计划、提出问题等，预先设计好灯的造型及其功能，再进行合作互助的活动实施。实施过程中，在美术老师的引导下，学生可以选择丰富的表现方式来对小夜灯进行创意性的造型设计，如绘画、手工、泥塑、3D打印笔建模、3D打印机编程建构、废旧材料再利用、木工造型切割组装、筷子搭建等，涉及造型表现、设计应用和综合探索几个学科领域的知识内容。在造型的探索过程中，除了学生需要具备一定的美术造型能力、设计能力、创新能力、动手实践能力、合作能力外，其中还涉及数学学科的测量与计算知识、工程学中的力学原理。再由科学老师指导学生学习如何进行硬件编程和电子线路搭建触控或声控，使小夜灯亮起来、动起来。既满足了造型上的创意与美观，又满足了功能上的实用与智能，真正使学生用自己的双手、自己的智慧实现生活中的愿望。

然而，让学生真正内化为综合能力的是项目探究的过程。如何检验学生是否真的具备了发现问题和解决问题的能力呢？这个时候信息技术

成为学生展示过程的手段，学生将整个探究过程中如何确定目标、如何收集资料、如何制定步骤、如何实施过程、过程中遇到了哪些问题、如何进行解决、探究的经验心得与过程反思等通过录制视频、拍照制作PPT、制作手抄报等方式，将电子研究报刊、成果报告等作为展示媒介，进行项目成果的结题汇报，以此作为项目活动的评价方式，既锻炼了学生做事的条理性，又锻炼了学生的表达能力。

小学美术"四学、五明"课堂翻转策略

翻转课堂（the flipped classroom），是指基于信息技术下的将传统课堂的时间、教学的结构、教学的方式进行翻转的教学形式。"四学、五明"则是针对翻转课堂教学模式而衍生的教学策略。"四学"，即个体自学、组内合学、班级展学、品评促学。"五明"，即课前明要求，自学明进展，合学明问题，展学明关键，品评明效果。

"四学、五明"的教学策略不仅关注教师的教，更关注学生的学；注重学习目标，更注重学习过程；强调自主学习，更强调小组合作；关注学习方式，更关注学习效果。目的是让学生在学习方式上从各自独立的学习走向活动性的学习，从习得、记忆、巩固的学习转变为探究、反思、表达的学习，在教学方式上表现为从传递、讲解、评价的教学，转变为交流、分享的教学，努力让教与学形成和谐的奏鸣。

一、课前明要求

很多人把翻转课堂简单地理解为让学生课前自己去观看微课，课上再提出问题讨论，教师课前不做任何要求。如此自学没有针对性，学生往往抓不住重点，浪费大好的时光。"课前明要求"是指学生在自学之前要有明确的学习目标。这里所指的"自学之前"，可以是课外自学之前，也可以是课中自学之前。

课外自学，通常的做法是先设计好学习任务单（即学习指引），制作好微课视频，然后把视频通过微课掌上通、班级QQ群、班级微信群等传给学生或告诉学生视频地址，让学生带着问题观看，帮助学生明确学习重点、学习难点、事先需要学习的内容、需要收集的资料，并提前准备好工具、材料，帮助他们扫清学习障碍。

以"寻找身边的民间美术"一课为例。这是一节欣赏评述课，如果只是单纯依靠学生原本的知识储备来完成对中国各种类型的民间美术作品的了解，无疑是远远不够的，这就需要借助课外的时间和资源。因此，针对这一课，我给学生设计了学习任务单。目标任务一：分组寻找生活中身边的民间美术作品，确定研究的对象。目标任务二：小组成员要对其名称、用途、产地、年代、色彩、图纹、寓意、制作工艺等分析、概括和总结，并填写在学习任务单上。目标任务三：将查好的资料做成图文相结合的个性课件，在课上进行交流和汇报。除了明确目标任务外，我还制作了"如何寻找身边的民间美术"微课，其中包括如何运用互联网搜索资料、如何将资料进行汇总等，这样就保障了学生课前的准备工作既是有目标的，也是有方法的。

课中自学，我通常会在学生看微课前提出几个关键性问题，再要求学生带着问题去看。以"纸艺六色花"一课为例。这是一节以手工制作为主的造型表现课。在看微课之前我提出了两个问题。第一，制作纸艺六色花的步骤是什么？第二，制作纸艺六色花需要注意哪些要点？这样，以问题为学习的指引，学生在看微课之前就明确了自己在看的时候应该注意哪些问题，重点应该记住哪些东西，使学生的看成为自主地学、有目的地学，为接下来问题的解决打下基础。

二、个体自学，明进展

个体自学，顾名思义，就是根据目标任务自主学习。"明进展"一方面是指学生自学时要明察自学的进度及效果，在自学的过程中要知道自己是否完成了学习目标，哪些东西是可以掌握且已经掌握的，哪些东西是还没有弄清楚或者还有疑问的；另一方面是指教师除了在上课前要明确学习要求、目标、方法外，还要了解学生自学的整体情况。哪些是学生通过自学可以完全掌握的？哪些是学生通过小组合作学习可以解决的？哪些是需要教师点拨和提示的？哪些是学生普遍没有弄清楚需要教师辅助讲解和示范的？

以"剪团花，巧装饰"一课为例。我制作了"如何设计团花"微

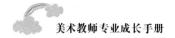

课,这节微课包含了团花的折法和剪法。学生看了微课之后,我给学生一个自我检查的机会:按微课所学,自主设计一个团花作品。在这个过程中,学生会遇到剪的时候哪些地方不能剪断等一系列的问题。如果尝试成功,说明学生能够基本掌握剪团花的技能和技巧;如果尝试未成功,说明学生掌握得不够牢固,那学生必然会产生疑问——"是哪里出现了问题?"教师在此过程中,无需再亲自示范,而是有更充足的时间来关注每一位学生的进展情况,更加全面地了解哪些是学生普遍掌握的知识点、哪些是学生普遍未能掌握的知识点和哪些是个别学生未能掌握的知识点,做到心里有数,为接下来的组内合学、班级展学做好点拨和指导的准备。

三、组内合学,明问题

组内合学是指以学习小组为基本单位,多方调动课堂内各因素之间的互动,共同达成教学目标的学习形式。明问题是指在合学也就是小组讨论的时候,不是没有目的地胡乱聊,而是要将自学时未能解决的问题、存在疑问的地方提出来,让组内的同学进行讨论,可以通过组内讨论解决的问题就在组内解决,未能解决的问题待到展学时提出来让其他同学帮忙解决或由教师解决。"组内合学,明问题"的最终目标是提高学生的学习效率,培养其合作品质。仍以"剪团花,巧装饰"一课为例,有些同学在自学后未能完全掌握剪团花的知识点,在尝试的过程中未能成功剪出团花,这些同学就会存在这些疑问,如剪出来的花为什么不成团?有些部分为什么会断掉?我剪的为什么没有那么美观?在组内合学的时候将自己遇到的问题提出来,可以让组内已成功剪出团花的同学明确要解决的问题,并给予这些未成功的同学帮助和指导。

四、班级展学,明关键

班级展学是指在组内合学过程中未能解决的问题,由各小组派代表进行班级大展示活动。展示的目的是将还未解决的问题提出来,让大家商讨解决。教师展学时要明辨学生学习中存在的共性问题和解决问题的关键点,并有的放矢地进行引导、讲解和示范。

如以"剪团花，巧装饰"一课为例，在展学时小组的代表会将本组剪错或剪坏的作品拿到展台上进行展示，并尝试指出错误的原因和提出解决对策。在表述完自己的意见后请其他同学进行补充或纠正，最终达到有效解决问题的目的。在这个过程中，学生自我展示、自主组织研讨，这时教师是一个旁观者；当学生争论、思辨的时候，教师又是一个倾听者；当学生的思路有偏差、建议有失方向时，教师更是一个随时介入的智者、点拨者，抓住关键和要点适时引导，保障研讨的方向性和科学性，提高学习的效率。这一过程既注重学生知识的内化，又注重学生能力的提升。

五、品评促学，明效果

学生完成展学后，已基本掌握了作品创作的重点和难点，在此基础上再进行个体的或小组合作式的作品创作来检验学习效果，创作结束后将作品进行展示和品评。展示的形式多样，可遵循体现作品特性的展示方式，品评的角度要围绕着学习的重点、难点、易错点、学科本位的要素，展开自评、他评、师评，目的不仅仅是评，还要通过各种形式的评来有意识地归纳、总结、梳理学习的要点和总结学习过程中的收获。

以"纸艺六色花"一课为例。我在学生展出作品后，提出了如下的问题供学生选择性讨论：这节课中有什么值得你自豪的事情？是否遇到了一些困难？你是如何解决的？你有什么好的经验与大家分享？学生在问题的指引下会谈到本节课的学习要点，会谈到自己是如何发现问题、解决问题的，会谈到合作互助的重要性，会谈到关于学科本位应用的技能和技巧，还可能会有很多意外的生成、耐人寻味的思考，这些都能达到学以致用、促进提升的效果。

"四学、五明"是一种教学流程，也是一种教学策略，其核心含义是建立以学习为中心的教学创造。目的是让学习变成一种与教科书的相遇和对话、与伙伴们的相遇与对话、与自己的相遇与对话。而整个过程是师生基于对话的冲刺与挑战。

在这种教学模式下，学生不再单纯地依赖授课教师教授知识，课堂和教师的角色也发生了变化。教师不再占用课堂的时间来讲解信息，这些信息需要学生在课前和课后自主学习，他们可以看视频、听讲座、阅读电子书，或者在网络上与别的同学交流。课堂内的宝贵时间则留给学生与学生或学生与教师之间更主动、更专注的交流和分享，包括答疑解惑、知识的运用等，从而获得更深层次的理解。教师更多的任务是去理解学生的问题，并引导学生运用知识，从而取得更好的教学效果。

新技术的普及与应用，将催生更多新型的学习方式。翻转课堂就是在移动互联网时代诞生的一种新型的课程教学组织方式。翻转课堂对学习的积极影响和帮助是不言而喻的。而眼下针对翻转课堂有很多质疑的声音，其实种种质疑都不是围绕翻转课堂这种教学模式本身。例如，如何满足翻转课堂实施后的移动终端和资源（幕课）的可及性问题，这其实是教育资源均衡化和教育投入的问题；又如，怎样解决翻转学习与应试教育相冲突的问题，这是教育观念、教育体制、评价体系问题；再如，怎样解决学科教师的非专业性工作负担（微课制作等）问题，这是教育信息化政策扶持和师资队伍建设问题。我们不能因为眼下的种种问题就故步自封，而应该以一种开放、包容和积极的心态去更新自己的观念，迎接教育的变革！

写字有法，育人无痕

——"午练"课程中德育渗透的思考与实践

老子《道德经》云："处无为之事，行不言之教。""大音希声，大象无形。"无痕式的教育是一种教育的哲学境界，指在教育过程中，把教育的意图和目的隐蔽起来，淡化说教、灌输的痕迹，通过启发、唤醒、激励、赏识、暗示等方式和方法，促使学生不知不觉、自然而然地在愉悦的状态中接纳，以实现教育的内在生成、自我构建和自我教育的一种教育模式，体现了对教育本原和教育本真的追求。学校写字特色课程"午练"，秉承先贤"无痕教育"，主张"写字育人"的课程理念，以写字教育为切入点，以字育德，以字益美，以字养行。利用每天下午15分钟的时间，全校师生伴着轻灵、幽静的古典音乐徜徉在艺苑之中。

"午练"教学不单单是书法技能、技法的训练，关注的不仅仅是学生书写能力的培养和提高。书法以最简练的点线和深厚的文化底蕴，映射着优秀的传统文化，潜移默化地渗透着深刻的哲学和美学，同时使学生的思想、意志、毅力、情感等诸多非智力因素得到全面发展。发挥"以书载道、书道融汇育人"的德育渗透教育形式，是一种潜移默化式的教育，不是为了德育而进行的德育。这是对生命最大的尊重，是对教育本原和教育本真的追求，也是一种教育智慧的体现。

一、课前准备中培养良好的习惯

在练字之前，我们要求学生提前做好课前准备，收拾好桌面不用的东西，把要用的书、本子、笔放到指定的位置，并且在音乐响起时，端正自己的坐姿和执笔姿势，按照练字的规范去练，逐渐养成良好的习惯。提前做好课前准备的过程是整理物品的过程，也是整理思路的过程。在这个过程当中，学生会思考接下来的课程需要哪些物品，并把不需要的物品放到物品柜内，把本堂课需要的物品摆放到书桌的指定位置。这样做可以避免铃声响起时学生匆忙、慌乱地翻找东西，耽误上课时间，影响上课秩序。既节省时间，提高效率，又有助于培养学生做事的条理性和细致、严谨的生活态度。保持正确的坐姿和执笔姿势让学生身姿挺拔、精神抖擞，不仅有助于书写技能的提高，还有助于培养儒雅的气质。

二、习字临帖中铸就积极向上的品质

在临帖的过程中，我们要求学生端正姿势、静心专注、持之以恒，这对于好动的学生来说，尤其是件磨炼意志力的事。临帖时讲究平心静气、专心致志。老子讲"静生智，定生慧"，人只有静下来，才会生出智慧、灵感和思想。静心就是让心平静下来，专注就是摒弃一切私心杂念，专心致志地去做一件事情。注意力不集中，见异思迁，粗枝大叶，是写字的大忌。急功近利，反而欲速则不达。书法练习是个长期、艰苦的过程，不是一朝一夕的事，没有长时间坚持不懈的努力是很难见成效的，中国有两句脍炙人口的名句"书山有路勤为径，学海无涯苦作舟""宝剑锋从磨砺出，梅花香自苦寒来"，就是书法学习的真实写照。

要想把字写好，必须经过长时间的训练，需要坚韧不拔的毅力和锲而不舍的精神才能掌握用笔的技能和技巧，形成自己的笔画力度，这其中需要很多枯燥的重复练习。临帖不仅可以使人学会欣赏，锻炼观察能力、分析能力、思维能力、想象能力，养成良好的行为习惯，还可以让人从写字中懂得做人要知法度、守规矩、循规律、戒狂妄、戒傲慢、戒浮躁、不乱为、不妄为。

我要求学生养成"提笔即是练笔时"的好习惯，不论什么场合，只要提笔写字，态度就要认真，力争做到最好。我鼓励他们每日"午练"，六年磨一剑，把练字变成自己的一种爱好和习惯。书法的学习过程本身就是一种"修炼"的过程，一种耐力、一种向上精神的培养的过程。这一过程有助于锻炼学生的韧劲与耐力，有助于培养锲而不舍、不怕困难的优良品质。

三、书法中渗透为人处事的哲学

书法作为中华民族传统文化的精髓,有着深刻的哲学和美学思想。学习书法可以启迪人更好地做人做事。中国哲学强调阴阳对立统一,两极协调中和,由此派生出有无相生、刚柔相济、高下相倾、斜正相倚、前后相随、难易相成等哲学概念。将此运用于书法,则讲求藏露、方圆、中侧、纵收、疾涩、提按、映带、疏密、黑白等。中国传统文化讲中庸之道,过犹不及,执其两端而取其中;讲重为轻根,静为躁君;强调做人要诚实厚重、宁静致远;处事要思考全面,处理好上下、左右、前后、远近、长短、深浅、快慢、巧拙、形实等各种关系。这些既是做人的艺术,也是书法的要求。"工工整整写字,堂堂正正做人。"从学习书法中,可以更好地体会做人的艺术。

教师讲解、分析、示范字的结构和写法是"午练"课程中重要的一个教学环节,教师在讲解的过程中结合字形和字义,恰当地进行情感、态度、价值观的教育,由形会意,以趣激情,渗透人生哲学,让学生懂得一些做人的道理。

四、通过书法家故事塑造美好的心灵

古人云:"书如其人。"我国书法界有一个良好的传统,就是强调书品与人品的统一,学书先学做人。我国古代许多著名的书法家不但书艺精湛,而且人品高洁,他们具有中华民族的传统美德。如王羲之为老妇题扇等。在"午练"课程教学中,教师有意识地用生动的语言,讲述中国书法历史上有一定造诣的书法家的故事,帮助学生树立正确的人生观、是非观,引导学生向书法家学习,不断提高自身的道德修养,塑造自己美好的心灵。

"午练"教学,以它独有的朴素、本真的艺术魅力,巧妙地、无形地渗透着德育智慧,让学生在潜移默化中具备良好的"书德",进而培养良好的个人品质,促进心灵的升华。

小学速写淡彩画教学资源的建设与运用研究

速写淡彩画作为一种独特的画种，因其取材丰富、用材简捷、操作简便、色彩简明、表现力新颖，深受专业人士的喜爱。但因其教学涉及很多专业性较强的理论和技能，往往让人望而却步。在近3年的教学实践中，在通过对教学内容、教法、学法等方面进行一系列大胆的尝试与创新教学的基础上，我总结和提炼了速写淡彩画教学资源的建设与运用的方法，发挥了速写淡彩画教学的独特魅力，激发了学生的学习兴趣，培养了学生的审美情趣，提升了学生的想象力和创造力。

一、教学资源的建设策略

1. 结合本土资源法，尽显人文性

以我所在的松山湖为例，它处于东莞的中心，环境优美，有着得天独厚的自然生态环境，保持着完好的岭南气息，如诗如画。作为东莞最后一块风水宝地，松山湖始终散发着摄人心魄的魅力。松山湖地域课程资源十分丰富，具有较高的研究价值、保护价值和艺术价值。速写淡彩画教学内容与松山湖自然资源相结合，立足于本土资源，让学生通过对松山湖自然资源、科技资源、建筑资源的观察、分析、整理和研究，了解本土的文化知识和人文内涵，让优秀的美术文化通过物质形态呈现，达到薪火相传、生生不息的目的，体现文化传承的价值。它不仅有利于保护文化的多样性，也有利于保护本土文化，还有利于学生对美的追求和对家乡的热爱。

2. 结合生活实践法，尽显实用性

美术，本身来源于生活，又作用于生活。生活中有学生的真情实感，学生善于通过感性的方式，在生活中体验、感悟美的东西。而新课程理念也强调要注重课程与学生生活的紧密联系，使学生在积极的情感体验中提高想象力和创造力，提高审美意识和审美能力，增强对大自然和人类生活的热爱及责任感，增强创造美的愿望，提升创造美的能力。

在速写淡彩画的教学中，将速写淡彩画的教学内容与学生的校园生活相联系，拉近学生与自然的距离，使教与学融入自然、融入校园文化、融入学生的现实生活之中。如校园写生、校园建筑写生、校园人物写生、校园风景、有趣的校园活动等写生，贴近学生的心灵，与学生生活紧密联系。与此同时，我们还注意教学内容的选择，既从学生的实际经验出发，选择与学生现有经验有一定联系又有适度拓展空间的内容，使学生有足够的兴趣运用已有的经验探索、积累新经验，获得新的认识和感受，引导学生用一双慧眼观察身边的事物，感悟生活，创造生活，在实际生活中领悟美术的独特价值，从而培养学生的鉴赏、创造和动手能力，全面提升学生的综合素质和艺术修养。

3. 结合分层独立法，尽显主题性

速写淡彩画校本课程着力探索创新的体系结构，以学生的心理结构和速写淡彩画知识结构之间的最佳组合作为契合点，建构了以学生主题探究学习活动和学生成长体验为主线的课程。围绕技法、题材、创作应用3个基本元素，从不同的角度引导学生感知、欣赏、思考、表现、创造、评价。如技法元素包括线条的认识、线条的应用、色彩的认识、色彩的应用、构图、透视、空间处理等。题材按绘画的内容，分为植物、动物、风景、建筑、人物等。创作应用则是结合松山湖和校园的科技活动或人文活动而开展的主题创作，如"我喜爱的机器人""未来的松山湖""书签小景""科幻创意画"等课例。每一个课例都有鲜明的主题，每个课例都带给学生不错的体验。

4. 结合循序渐进法，尽显递进性

为了让学生保持学习的热情和学习的动力，速写淡彩画校本课程体系的构建，除了遵循构架上的主题性原则外，在教学内容的先后顺序上还遵循了由简到繁、由浅入深、由感性认识到理性认识的递进式的原则。

如解决用线的问题，我们先开设了"会跳舞的线"，让学生进入童话般的游戏世界，感受不同的线条给人带来的不同体验。再由对线条的认识过渡到了"懂我的线条"，让学生从感性的体验中积累经验，利用对线条的感受表达自己的情感。然后设置了"线条的应用"，使学生能够理性运用合适的线条。这样有层次、有目的性的递进式课程设置，引导学生一点一点地进步，一点一点地获得成功的体验。

二、教学资源的实施路径

1. 由易到难，由应用到提高，结合科学创新教学法

把速写淡彩画课程作为校本课程来研究和探索，是一个崭新的课题。把速写淡彩画作为美术教育的特色教学，创建校本课程，在学校里大范围推广，极为少见，因此速写淡彩画的教学是通过不断的实验和摸索进行的。

速写淡彩画的教学在完成先期调查和论证的前提下，首先从第二课堂开始，面向一小部分对美术有兴趣且有美术基础的学生，旨在对速写淡彩画的教学进行探索和研究，总结教学过程中的经验和方法。在积累一定经验的基础上，开始向常规课堂拓展。拓展的对象先针对接受能力较强和绘画基础较好的高年级学生，随着教法和学法的逐渐成熟，慢慢地向中、低年级学生过渡，最终达到普及的程度。在不同时期和针对不同的年龄段，对学生的要求也有一定的差别。在速写淡彩画教学的初级阶段，课堂上要求学生能够流畅地用笔表现局部小景，随着学生技法和熟练程度的不断提高，要求学生逐渐向线条的丰富表现、画面空间的整体把握、色彩的协调、艺术品位等更高的艺术层面过渡，使学生在循序渐进中稳步提升画技。

2. 户外写生、课堂临摹，结合教学形式创新教学法

在速写淡彩画的教学中，我们采用多元化的教学形式，根据实际情况和学生的心理需求开展。有学生喜欢动态的户外写生，就让他们亲近自然，体验自然，探究自然，培养和发展他们的观察能力，帮助他们自主学习，独立思考，保护他们的探索精神、创新思维，为他们的禀赋和

潜能的充分开发创造一种宽松的环境。课堂上也有静态的、理性的作品临摹，让学生学会理性地观察、对比、分析和表现。还有与松山湖科技活动或校园活动相结合的富有想象力和创作力的意向创作。在意向创作过程中，我们常常鼓励学生要敢于打破常规，敢于创新，大胆畅想，以培养学生的想象能力和创新能力。多元的学习形式交替进行，有利于为学生全面营造艺术学习的氛围，提高他们的审美情趣。这种创造性的教与学，给予学生充分的探索和思考的时间，因势利导，将学生引向创造性思维，激发学生学习的积极性。

3. 化繁为简，去粗取精，结合趣味教学创新教学法

速写淡彩画的教学过程，常常会涉及很多专业性的知识和理论，如构图、透视关系、对比、节奏等，低年级的学生难以理解和掌握。道家哲学讲求"大道至简"，最有价值的道理其实是最朴素的道理，很重要的道理其实是很平常的道理。速写淡彩画教学亦如此。抓住问题的实质与关键，同一个内容，可以有不同的呈现方式；同一个目标，可以有不同的实现路径。为了取得更好的教学效果，笔者查阅了大量的包括儿童心理学方面的专业书籍，将原本烦琐和复杂的知识转化为学生认知范围内能够接受、理解且感兴趣的内容进行教学。

如在"荷塘创作之空间处理"一课中，空间处理既包含了构图知识，又包含了透视知识，涉及的内容专业性极强，通过常规的讲授式方法来传授，不仅需要耗费大量的时间，学生也会感到枯燥乏味，进而产生厌学的心理。于是我针对学生的年龄特点改变了教学策略，紧紧抓住了学生喜欢做游戏、喜欢纠错的特点，把难以理解的构图和透视知识，有效地转化成学生容易看懂、容易理解的内容，让学生通过探究和反复摆位置的实验掌握什么样的构图是不合适的，帮助学生理解主次、聚散、节奏等的含义。通过远近色块的对比，让学生理解近大远小、近宽远窄、近实远虚的透视关系，避免在绘画创作中出现类似的空间表现问题。把复杂的东西简单化，把专业的东西通俗化，把枯燥的东西趣味化。用通俗的语言、适当的方法，帮助学生理解知识、内化知识。

4. 承旧立新，结合现代教育信息技术创新教学法

速写淡彩画的教学将以教师教授和示范为主的课堂模式转变为以学生自主学习、合作学习、探究学习为主的高效课堂构建模式，着眼于学生长远发展的需要。课改10年以来，无论哪种模式、哪种方法都脱离不了教育的本源，即以生为本。在信息技术高速发展的今天，现代教育信息技术、微课的应用大大提高了课堂的效率，促进了学生知识建构能力的发展。

以"荷塘创作之空间处理"为例。课前教师将教学的重难点——处理空间关系时应该注意的问题制作成微课视频，让学生于课前按教师所提供导学案的教学目标先期自学，使学生的自学不是盲目的，而是有方向的、有目标的，自学过程中学生记录未能解决的问题和存在的种种疑问。学生带着这些问题在课中以小组讨论的方式进行组内交流和思维的碰撞，交流后对组内未能解决的问题进行汇报，这时就需要组间探究或向教师寻求知识援助，以便解决问题。课前使用微课可以充分发挥学生的主体作用和教师的主导作用，改变原来僵硬死板的教学模式，注重培养学生发现问题、思考问题、分析问题、解决问题的能力，使课堂翻转过来，使学生从原来的"学会"转变为现在的"会学"，体现"先学后教、能思会学"的思想，最终让学生的自主学习成为一种习惯，合作自主探究成为一种常态，为学生的后续学习和终身学习奠定基础，并产生深远的影响。

无论是速写淡彩画的教学，还是其他画种的教学，变化的是学习的内容，不变的是教育的本源，即"以生为本"。我们的探索与研究能够较系统、全面地激发学生的学习兴趣，培养学生的艺术思维能力，发展学生的想象力和创造力，为学生的终身发展奠定基础，努力让课堂教学焕发出勃勃生机，让中华民族的优秀传统文化更好地得到继承和发展。

结合自身工作实践谈美术教师专业化成长

教师专业化成长是指教师参加工作以后在教育思想、知识结构和教育能力方面的不断发展。由于教育的动态性和拓展性,教学技能和专业素质只有在教学实践中才能得以不断提高。教师专业化成长虽然在很大程度上受教师所在环境的影响,但更重要的取决于自己的想法和行动。

一、正确分析自己,明确定位,寻找专业发展的突破口

人的一生会扮演许多角色,美术教师的专业发展同样如此。专业定位、专业发展的方向,在很大程度上聚焦在专业身份的确认上,否则美术教师在面对专业发展时可能会陷入一种摇摆、迷茫的状态。专业发展就是在专业方向的认同中寻找自己的理想,在专业责任的担当中提升自己的水平。

2003年,我以优异的成绩顺利地走出了大学的校门,怀揣着一展宏图大志的愿望选择了教师这一被视为"人类灵魂工程师"的职业。在省优秀毕业生、学院学生干部、专业成绩第一等光环的照耀下,我备受学校领导的重视。刚刚入职,学校除了安排我担任美术教师外,还让我负责学校的团委工作。初出茅庐的我在没有任何执教经验的情况下,全身心地投入学校安排的各种活动中,每天忙忙碌碌,我完全无法顾及美术专业教学教法的提高。一段时间过后,我不仅身体上疲惫不堪,还找不到成就感,内心无比空虚和迷茫。经过对自身情况的认真分析和与老教师的多次探讨,我找到了其中的原因。首先,我既然选择了教师这份职业,作为一名新教师,迫在眉睫的应是培养和提高教师的基本素养和教学能力,而非盲从于所谓的行政琐事。其次,作为一名以美术为专业的教师,要随着时代的进步和发展不断地钻研专业知识,提高专业技能,

完善美术教学教法。只有在专业上被认可，只有靠扎实的专业基本功作为屏障支撑，内心才会感到充实和踏实。认识到问题所在，我马上调整自身定位，并规划出走美术专业发展和教学教研的路线，因为此时我已经明确自己需要什么，脚下的路在何方。

二、确立个人发展目标，不断给自己设定目标

机遇总是垂青有准备的头脑，著名教育专家陈萍老师说："让你与众不同的最简单方式就是设立目标。目标就是动力，目标就是方向，制定目标应该成为我们生活的一种习惯。"很多人在生活中也经常为自己设定目标，但是往往很多人无法实现设定的目标。

人生有终极目标、长期目标、中期目标、短期目标，就像一座金字塔，你可以一步一步地实现各层目标，若想一步登天，那就相当困难了。例如，每位教师都有成为名师的梦想，可是对于一名应届毕业生来说，在短期内要实现这个目标显然不合情理，也很难达到。但如果一味认为这个目标遥不可及就望而止步，那么成为名师的可能性就更微乎其微了。

设立的目标既要放眼未来，又要着眼当下。以我个人为例。我首先对自己进行了全面的、准确的评估，认真地审视自己在当前状况下具有的优势和存在的缺陷，再根据自己的实际情况仔细分析要想达到目标需要具备哪些条件，如何才能具备这些条件。要准确分析哪些是当前急需要解决的问题，如新教师应怎样正确领会教材内容，如何面对不同性格和年龄段的学生，如何设定常规课的教学目标，怎样撰写教案，等等；哪些目标是近期可以通过努力实现的，如学会听课和评课、在他人的课堂上吸取营养，如何与教育家产生共鸣，怎样完成一节规范、设计合理的展示课，如何根据自己的教学经历撰写教育教学论文，等等。再把这些按时间可行性罗列出来，制成表格打印出来，贴在办公桌抬头便可以看到的位置，以起到时刻提醒、督促的作用。制定的目标最终还要通过自己的努力来实现。这样既能体会完成小目标的成就感，又能一步一步地实现梦想。

三、学习的滋养，厚积薄发——专业成长没有捷径

细心的教师常常会发现，几乎所有的特级教师都有一个共同的喜好——爱学习，他们充满智慧和灵气的课堂正是得益于他们广博的知识积累和深厚的文化底蕴。不少教师写论文时总感到无话可说，有时好不容易凑出来的一篇文章也是干巴巴的，这其中最关键的原因就是平时学习不够，缺少知识的积累。传统的教学经验告诉我们，"要给学生一杯水，教师要有一桶水"，而如今要适应这日新月异的科技时代，光有这"一桶水"是不够的，还要求教师有"源源不断的水"，这"源源不断的水"从哪里来？很重要的一个途径就是学习。

四、让阅读成为习惯——与专家名师心灵对话

听了许多教育专家的讲座，拜读了很多教育名家的文章，我发现他们大都语言清新流畅，文字凝练，令人难忘。教师的专业成长需要理论的指导，没有理论支撑的实践是盲目的实践。因此，我根据自身的需要，选读一些有关教育理论的经典书籍，特别是一些大师的作品，通过读书加深自身的底蕴，提高自身的涵养，让自己浸润在文化的滋养里。一本好书就是一个精彩的世界，它能陶冶人，使人高尚，使人明理。在《怎样培养真正的人》一书中，苏霍姆林斯基说："知识欢乐的最重要的源泉，就是体验和感受到知识则是我的智力创造的结果、探索的结果、心灵劳动的结果。"这就是说，在课堂教学中，教师起主导作用，学生是主体，教师要引导学生去探索、去体验、去创造，使学生获得成功的喜悦，从而激发学习兴趣。而在现实的教学中，把学生"看作接受、接受、再接受的知识库"，看作"无底的容器"的观念普遍存在。这正是我们要实行"课改"的迫切原因。

教师只有在不断的学习、探索中，陶冶自己的情操，拓宽自己的视野，才能跟上时代的步伐，才能有更多、更新的知识来面对学生提出的各种问题。在有阳光的午后，在春雨绵绵的假日，在万籁俱寂的夜晚，读书的日子会很宁静，也会很浪漫。与大师进行心灵的对话，你的目光

会变得柔和,你的内心会变得坦然,你的生活会变得丰盈,你的思想会变得更加成熟。

五、承担公开课——专家引领,名师指导,专业团队保驾护航

公开课从类型上看,不外乎两种:一种是校内公开课,另一种是各级各类观摩课、赛课或评优课。校内公开课的作用是为教师提供一个真实的研讨情境,大家互相听课、互相借鉴和研讨,并从中找到课堂教学改革的方向。在这个过程中大家有发现的快乐,也有创造的快乐。各级各类观摩课、赛课或评优课,被赋予代表一所学校或一个地区教学水平的重任,往往一节公开课倾注了全体教师及相关专业人员的集体智慧。

10多年来的教学生涯中,我承担公开课30多次,其中多数为市级或市级以上的赛课和观摩课。每逢市级或市级以上的赛课和观摩课,学校都会成立一个专业团队共同备课、研课,团队中的每一个成员都力求完美,有时为了一个情境的创设争论得脸红耳赤,有时为了一句过渡语苦苦思索、细细推敲……就这样,我不断学习着团队成员的优秀经验,不断汲取着先进的思想和智慧。精心雕琢的过程,也是教师与教师之间互相启迪、全面反思自己日常教学行为的好机会。公开课一般都要经历多次打磨,这个过程是深度思考、反复琢磨、集思广益、不断改进的过程,它带来的专业体验和行为跟进是常态课所无法比拟的。

2007年广州美术学院2004届毕业生来东莞市各大中学实习,由我为这些实习生做示范公开课,课题为"中国古代玉器"。在自主独立完成的情况下,观摩课取得了圆满的成功。前来调研的广州美术学院教育研究室副主任、研究员、硕士生导师陈卫和教授在听了我的示范课后,给予了很高的评价:"这位老师的课为高中的美术鉴赏提供了一种新的思路和视角。"得到著名教授的肯定,欣喜的同时,无疑也增加了我继续教学教研的信心和勇气。继后不久,正逢东莞市举办第三届美术优质课现场大赛,在专业友人的鼓励下,我接下了代表学校参加市级赛课的任务。经过层层选拔,我进入了总决赛,取得了现场优质课第一名的成绩,并因此有幸在赛后与广东省著名教育专家戴立德老师相识。戴老师亲善端

庄、博学广识，不仅对我的课做出了精彩的点评，还提出了很多宝贵的修改意见。除此之外，东莞市教研会主任谢洪涛老师也亲临指导，分析和讲评了构建优质课堂的细节。经过专家和名师的专业引领和精雕细琢，我对如何把握教材、如何教好学生、如何设计课堂的每一个环节的思路越来越清晰。这些经历都为我之后能够取得广东省美术优质课比赛一等奖、全国第五届中小学美术课评选二等奖奠定了扎实的专业基础。

六、笔耕不辍——教学反思、教学后记，精益求精，追求卓越

任何一位教师，哪怕是再高明的教师，在执教的过程中也不可能做到尽善尽美。观察、记录和分析学生在美术活动中的行为，对学生的学习能力、学习态度及情感、兴趣和价值观等方面的发展予以评价和反思，对学生的参与、合作、探究、认知等各方面的能力进行综合评价，并予以学生反馈；审视和分析自己的教学行为、教学决策和教学结果，可以有效地纠正教学观念、教学行为上的偏差，形成自己对教学现象、教学问题的独立思考和创造性见解，提升自我觉察水平和教学监控能力。

教学反思、教学后记是从教学实践中产生的，它是教师智慧的结晶。其写作内容涉及教学工作的方方面面。它包括对教材内容的取舍或补充、课时计划的安排、教学目标的确立、教学策略的抉择、教学重点和难点的确定、教学内容的组织、教学程序的编排、教学方法的选择、教学媒体的运用、教学现象的分析、典型问题的探讨、教学效果的检评等。这些内容，可根据教学的实际情况，择其一二进行小结，或批注点评，或连缀成篇。教学后记的写作形式不拘一格，常见的有批注式、提纲式、摘记式、随笔式。教学后记的类型有小结得失型、反馈信息型、探讨问题型、分析原因型、拾遗补漏型、纠正过失型、取长补短型、研究学生型、拓展扩充型、抓住"亮点"型。教学后记的写作要做到迅速及时、实事求是、有的放矢，否则就会失去灵魂，失去价值。

撰写教学反思、教学后记是对自己做课题的经验和教学方式的重新审视，是对工作及专业能力发展进行的评估，见证了教师艰苦探索新教法、新学法的过程，折射出教师独特的教育思想和教学智慧。经常撰写

教学后记对更新教育教学理念、优化重组专业知识，以及更好地适应美术新课程的要求，具有重要的作用和意义。

教师的自我完善是个长期的过程，教师要提升教育水平、教学质量，除了不断地学习，取人之长补己之短外，主要还是在教育教学过程中努力实践、反复探索，这样才能够不断地完善自己。只有付出辛勤的劳动，才会有丰硕的收获。美术教师专业化成长是个可持续发展的教育体系，美术教师只有长期积累，不断完善自身各方面的知识结构及提高自身的教学能力，不断提高自身各方面的专业素养，才能在专业化成长的道路上持续发展。

实施美术高效课堂教学策略的实践与探索

课堂作为一个载体，不仅仅是传递知识的场所，还承担着育人的重任。随着新课改的实施与深化，近年来，学校致力于开展对高效课堂的探索与研究，最大程度地发挥课堂教学的功能与作用。

我们认为高效课堂应以充分信任学生为基本理念，以调动学生自主学习为目标；其核心价值观就是关注每一个学生在教学过程中的收获，让每一个学生都能得到充分的发展；其评价原则是以学评教，关注学生的学习状态和学习效果。高效课堂不是"推倒重建"，而是在传承的基础上进一步探索和推进。它与素质教育理念和新课程理念是一致的，而高效课堂更注重课堂教学层面的研究，更凸现"效率"，更强调教学目标的全面性和教学过程的有效性。因此，可以将高效课堂视为一种实现教育理念与教学实践相对接的教学策略。

一、教学目标的全面性决定了课堂教学的宽度和深度

教学目标是师生通过教学活动预期达到的结果或标准，它是教学的起点和归宿。它影响教学过程的设计，决定教学内容的选择和安排，它制约教学方法和教学手段的选用，决定教学结果的测量和评价。教学目标是一节课的灵魂所在，是高效课堂达成的标准。落实美术课程三维目标的最优化，不仅要着眼于如何快速、有效地让学生把握课堂的具体知识，还要注重学生在知识、能力、情感、心理诸方面的全面提升，关注每一个学生在教学过程中的收获，让每一个学生都能得到充分的发展，要考虑到教学对后续学习、终身学习和持续发展的整体性影响。

以欣赏评述课"科幻故事中的艺术形象"为例。从课题上来分析，

本课欣赏的对象是科幻故事中的形象，欣赏科幻故事中艺术形象的造型特点和服饰特征是本课的主要内容。如果我们将本课的最终目标定位于此，课堂上教师应用各种媒介吸引学生的眼球，让学生机械、被动地了解科幻故事中的各种艺术形象，那么这节课学生的收获只停留于表面的、肤浅的认识，学生们知道了知识，却不知晓知识间的联系。这样的课，如果仅从单独一节课来看，实现了教学目标，是高效的，但从学生的整体发展来看，无疑是低效的，这也是对高效课堂理解的误区。

一位我尊敬的教师是这样设置这节课的。他把本节课的目标设定如下："了解科幻影视及艺术形象的相关知识，学会运用美术术语对科幻作品中的艺术形象进行分析和评述。开展自主探究学习和小组合作学习等体验活动，培养学生多种学习的方法。通过学习活动，培养学生勇于探索的科学精神和乐观向上的生活态度。"这其中既包含了具体知识（分析和评述科幻影视作品中的艺术形象），又包含了美术学科的能力目标（学会运用美术语言分析和评述美术作品的能力），方法目标（掌握美术欣赏的方法和途径），过程目标（合作、探究与人沟通和表达），以及情感目标（感受美术应用于生活中的乐趣，养成科学的探索精神和积极向上的生活态度）。

二、教学过程的有效性决定了课堂教学的密度和力度

1. 以学科思维结构式学习为主线

优秀的课堂，其结构逻辑建立在学生的思维逻辑之上。优秀的教师，可以透过知识的表层看到学生思维发展的路径。真正有效的课堂，不在于用多快的速度把一个完整的知识体系呈现给学生，而在于教给学生思维方法、基本原理和核心概念。这是因为一个学科的思维方法、基本原理和核心概念是该学科的根本。

仍以欣赏评述课"科幻故事中的艺术形象"为例。在课堂的初始，教师以60秒自由剪纸游戏导入，与学生一起无目的地将卡纸剪成各种不规则的形状，让学生思考这些不同形状的纸片可能会变成什么。有

的学生不假思索地回答是废品，有的则回答是艺术品。当教师展示出自己用这些纸拼成的变形金刚时，学生赞叹不已，为教师的巧思深深折服。教师作品的呈现，有助于启发学生的深度思考。这样的导入，凸显了美术新课标课程的愉悦性和视觉性，教师通过发挥美术教学特有的魅力，使学生的思维建立在兴趣之上。从导入本身的作用来讲无疑是有效的，从课堂的发展角度来讲则是高效的。

接下来，在教师的引导和点拨下，学生进行具有专业色彩的赏析。赏析分成两大部分：一部分为造型特征的赏析，造型特征的赏析又分为外形特征、色彩特征和功能特征；另一部分为造型方法的赏析，造型特征是艺术形象的外在表达，而造型方法凸显的是艺术形象的内在表达。这样设置课程，构建了一个由表及里、由感受到理解、层层剖析的学科欣赏系统，更利于学生欣赏艺术形象。

解决了欣赏"变形金刚"的过程，再根据相应的艺术形象的欣赏思路，以小组为单位共同探究《阿凡达》《蝙蝠侠》中的艺术形象的欣赏。此时，把学习的主动权完完全全交给学生。小组合作的目的是培养学生主动参与的意识，全方位调动学生的视觉、听觉，使学生的认知渠道多元化，使知识打破时空的限制，多层次、多角度，使学生全员参与，让每一名学生在课堂上都有归属感，最大限度地调动学生学习的积极性，达到全体受益，体现学生的主体地位和艺术形象欣赏的育人功能。

这样一来，以一点牵两面，学生用已经掌握的欣赏方法，解决了所有艺术形象的欣赏问题，大大提高了课堂效率。这样的过程，是学生在充盈具体知识的基础上不断获取学科知识的过程，也是不断拓展学科思维方式、探究解决学科问题的过程，对后续学习、终身学习和持续发展做了有效的铺垫。

2. 以体验、探究式学习为主线

一位优秀的美术教师，他的专业学识不仅仅体现在他会画画、会讲课，还包括他能系统地把握学科知识，知晓知识的来龙去脉，对教学内容有自己独到的理解，能够运用生活中学生容易理解的、见得到

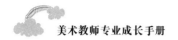

的、熟悉的素材让学生进行实践，唤起学生对艺术的向往，使课堂教学"活"起来，保证课堂的高效。

以造型表现课"无痕空间——荷塘创作"为例。透视、构图问题是学科中专业性较强、内容含量较多、知识点比较复杂的。而让小学阶段的学生把透视关系、空间关系梳理清楚是非常吃力的。如果采用直授的方式灌输给学生，学生可能表现为没有兴趣、听不懂或不耐烦，因此很难达到理想的教学效果。

我是这样设计这堂课的：首先通过奥秘探索环节，让学生通过图片观察生活中荷塘的荷叶及荷花在近景、中景、远景中的变化，探索物体视觉现象（大小、宽窄、深浅、前后、圆扁的变化），学生自主总结视觉透视规律的奥秘（近大远小、近宽远窄、近实远虚）；再用几何形色块遮住近景、中景、远景中的物体，验证学生观察的结果，肯定学生的自学成果，给予学生信心；然后通过教师"摆荷"，学生在观察和体验中发现构图的常见问题，学生因为有机会指出教师在专业方面的问题，因此表现得兴趣盎然、热情高涨。于是，学生在不知不觉中，在教师"摆荷"的过程中，领悟了聚散的关系，初步认识了透视的基本原理。考虑到学生的专业词汇量有限，很难表达直观的切身感受，因此我让学生选词进行表述（如缺少变化、死板僵硬、零乱无序、空洞、缺少联系、不符合视觉规律等），既可以解决学生语言表达的问题，又可以让学生无形中了解和掌握更多的专业词汇，提高专业素养。接着通过让学生讨论和合作，动手实践"摆荷"，处理透视、构图，以达到潜移默化解决问题的目的。在此过程中，所有学生的交流、表达、倾听、思考、创造能力不断得到提升，心理、情感、人格得到全面的塑造。最后，学生根据自己总结的艺术规律，创作心中最美的那池荷塘。整个教学过程，学生在观察、体验、探究过程中自主发现、合作探索、深入研究、自主思维，审美能力不断提升，逐步构建解决学科问题的思维方式和方法，并把研究所得应用于实践。教育者把教育意图和目的有意识地隐蔽，淡化说教、灌输的痕迹，通过活动体验、自主探究、团队互动、案例感悟等途径，以及启发、唤醒、激励、赏识、暗示等方式来促使学生在愉悦的状态中接纳，以实现教育的内在生成、自我构建和自我教育的教育模式，没有条条框框和标准，给予学生更多创造和表达的空间。

教育改革不是创新而是完善，高效课堂的教学模式带有个体经验的色彩，其复制往往难以实现，相信在实践中不断探索、反思、创新，我们的美术课堂会越来越优质、越来越高效。

色彩教学中紧密联系日常生活初探

《义务教育艺术课程标准（2022年版）》突出的特点是注重学习方式的改进和指导，明确"教师应重视对学生学习方法的研究，引导学生以感受、观察、体验、表现及收集资料等学习方法，进行自主学习与合作交流"。要求在学习内容上改变专业化倾向，通过生动的教学活动，学习内容变得鲜活充实，易于被学生掌握。

为了上好色彩课，使学生理解色彩、运用色彩，我尝试综合美术、音乐、文学、心理学、信息技术等多门学科，让学生在生活中自主探究、体验、感受、理解色彩的三要素、色彩的对比和色彩的应用。以培养审美情趣为核心，结合中学生的心理特点，运用心理学的相关知识，对色彩知识进行研究性的学习。为了提高学生的主观能动性和对生活的认识和感悟，我在上课过程中注重了以下几个方面。

一、结合现代生活实际进行充分的课前准备

现代社会计算机及网络信息技术的应用极其广泛，尤其在一些经济发达地区的学校，完全可以普及。上课前一两周，我让学生在课余时间以小组为单位，通过网络、书籍、报刊等，查找生活中相关的色彩理论知识、名家绘画作品、摄影作品、建筑作品、电影作品，并让学生在班级所设立的网站上表达自己的观点和看法。

第一，以小组为单位，有利于培养学生的合作精神和探究能力。人类生活在一个共生的社会环境之中，任何人都不可能在绝对孤立的状态下求生存。因此，人与人之间的合作和交流显得尤为重要。

第二，利用网络等查资料。采用这样的自学方法，一方面可以使学生在不知不觉中掌握新科技的发展动态，提升学生操作多媒体的能力和

熟练程度；另一方面有助于培养学生的探究能力。他们在查资料的过程中必然会发现一些问题，为了弄清楚问题并想办法解决，他们会不断地研究和探讨，这样就容易学到知识，掌握知识。

二、紧密联系生活进行行之有效的课堂教学

第一，组织教学。如："欢迎大家来到美术课堂！希望我的美术课会使同学们的心情愉悦，在陶冶情操的同时获得知识，在审美的过程中得到生活体验。"以此类语言作为上课前的开场白，可以使学生得到放松，有助于学生产生浓厚的学习兴趣。

在学习新内容之前，先采用心理放松法，巧设碧草蓝天、平和的色彩情境，然后配上舒缓的音乐，使学生在想象的色彩环境中，感受色彩的感染力，在潜意识中掌握色彩原理，达到事半功倍的效果。

第二，结合每个小组查阅得来的资料，回想生活中的点点滴滴。放映光与色的分解flash，想想生活中的色彩是怎样形成的。

经过交流和探讨可以得出此结论：色彩是由于光的刺激而产生的一种视觉效应，光是其发生的原因。当光线照射到物体上，物体发射出部分色光，色光进入眼睛，我们便会感觉到某种色彩。所以研究光的物理性质是理解视觉本质的基础。振幅的差异造成明暗的区别，波长的不同则决定色调的不同。相反，没有光就没有色彩。这段光与色彩原理的总结，体现了美术学科的发展与科技进步是息息相关的。

第三，学习色彩的基本知识，结合学生课前自己所查的相关资料，分组讨论，并从生活实际出发讲解色彩三要素（色相、明度和纯度）。如：色相指色彩相貌。枫叶火一般的相貌叫红色，天空、大海一般的相貌叫蓝色。明度指色彩的明暗程度。让学生以小组为单位，每组选派代表，结合生活实际，阐述对色彩明度的研究过程和结果。可引导学生从生活中所见到的一些明暗对比强烈的色彩绘画作品或自己拍摄的色彩人物肖像、风景等作品中体会。纯度指色彩的鲜艳度。同样以小组为单位，每组选派代表，结合生活实际，阐述对色彩纯度的研究过程和结果。

第四，欣赏与探索色彩。学生欣赏教师精心准备的色彩图片，结合

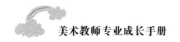

生活实践，举例说明色彩带给自己的感受，并展示自己所查的相关图片资料。

　　回想一下，是否发现生活中的色彩常常无意识地影响我们的情绪和行为。例如，开始上课的时候我们做的心理放松练习。当我们闭上眼睛，眼前是绿色的森林、蓝蓝的天空、碧清的湖水、白色的云朵，我们会感到很宁静、祥和，无比舒畅和放松。这是因为色彩可以影响人的心情。

　　色彩与冷暖：如太阳是橙色的，给人的感觉是温暖的；冰是青白色的，给人的感觉是寒冷的；火焰是红色的，给人以灼热的感受；蓝色或青绿色给人以清凉的感受；等等。色彩的冷暖色调在生活中的应用也十分广泛，比如：我们往往愿意把卧室布置成暖色调的。因为暖色调会给人带来温馨的感觉，使人进了卧室就会感到很安全、很舒适，能进入甜美的梦乡。在一些美术作品中，色彩的冷暖运用极其普遍。例如，我们所熟悉的达·芬奇的代表作品《蒙娜丽莎》，画中人物的面部受光的影响呈现出黄色，与背景的蓝绿色和衣服的深色、冷色形成鲜明的对比，更使蒙娜丽莎的微笑充满神秘感。

　　色彩与季节：淡黄色的迎春花、绿色的田野是春天到来的象征；火辣辣的太阳是夏季独有的特色；秋季深红色的枫叶，具有无穷的魅力；冬季的天空是青灰色的，给人寒冷的感觉。生活中，我们希望房间内一年四季都有绿色的植物作为点缀，因为那样会使人觉得温暖如春。再摆上一盆盛开的花朵，会让人备感温馨。

　　色彩与味觉：例如，看到青色的橘子，就会觉得很酸；见到棕色的凉茶，就会感到苦味；等等。在一些装饰讲究的家居中，人们一般都会选择淡黄、淡粉等色调来装饰餐厅。因为这些颜色会使人想到美味的食物，增强人们的食欲。当然不同的人由于阅历不同，对色彩的感受是有差别的，不同的环境也会使人的感受发生变化。

　　色彩与情感：在拍摄电影的过程中，很多摄像师会巧妙地运用色彩，用以衬托当时的情境和人物的内心活动。如电影《英雄》中运用了大量的色彩烘托，并随着剧情的转换而变换。人对色彩的不同感受很明显，情感联想也非常突出。通过分组连线，可检验自身的感受和他人是否相同，并讲述自己知道的色彩故事，激发学生的学习兴趣，加深印象。

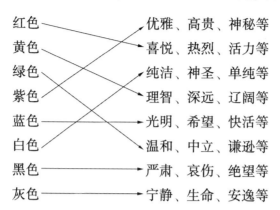

三、肯定学生的学习成果，将色彩知识运用到日常生活中

在本节课上，学生能够积极、主动地查阅资料，发现问题，研究问题，解决问题，足以证明在日常生活中，有认真留意和观察身边事物的变化。学生了解了色彩的形成、色彩的三要素，知道了色彩能够带来不同的情感体验，发现了不同的人由于生活阅历不一样，或者心态不一样，对色彩的感受也是不同的。同时，色彩和自身生活的联系也是十分紧密的。学生可以利用这些不同的色彩和它们所带给我们的情感体验、社会经验为生活服务，装点人生。

对学生进行美术教学，其主要目的是培养学生的自学能力、适应社会和独立生活的能力，使他们能够学以致用。一天当中，那朝霞初上的早晨、阳光灿烂的中午、斜阳余晖的傍晚；一年当中，那初春的一片新绿、秋天的一片金黄等，都是色彩斑斓的景观。色彩是美术学科的一个要素。美术作为社会的载体，为社会和生活服务，是日常生活的组成部分，并源自日常生活。在教学中紧贴日常生活是《义务教育艺术课程标准（2022年版）》的要求，也是美术教育教学的必然趋势。艺术中有色彩，生活中更应该增添色彩。

浅探现代教育技术对情境教学的创新应用

兴趣是一个人力求接触、认识、掌握某种事物或参与某种活动的心理倾向。爱因斯坦说:"兴趣是最好的老师。"兴趣对人的实践活动起着积极的作用,特别是对学生的学习起着推动作用,是提高学生学习积极性的一个重要的心理因素。

现代教育心理研究表明,兴趣与学习的关系非常密切,因为有兴趣,所以学生就不会觉得学习是一件乏味的事。学生能保持专注力和学习兴趣,日久天长,学生就会逐渐形成对学习的持久兴趣。兴趣愈浓,学习动机就愈强,学生的努力程度也会愈高,从而缓解学生在学习过程中的焦虑感和疲倦感,愉快地做学习的主人。

当前,我国基础教育新的课程体系已进入了全面实验阶段。新课程体系在课程的目标、功能、内容、结构、实施、评价与管理等方面都有了重大改革。这一系列的改革,最终都要靠教师在教学活动中去实现、去完善。课堂教学是最主要的教学活动,因此我认为,课堂教学是课程改革的重头戏。而现代教育技术在提高学生学习兴趣、提高课堂教学效率、改变教学模式方面,有着重要的地位,值得探讨。

现代教育技术在辅助美术教学中,充分调节学生的视觉、听觉,激发学生的多种感官功能,实现多种感官的有机结合,集形、声、光、色、动、静于一体,从而使知识能打破空间和时间的限制,使其多层次、多角度、直观、形象地展示在学生面前,最大限度地激发学生的学习兴趣,调动学生学习的积极性,活跃课堂气氛,使学生积极、主动、愉快地参与教学活动。优化教学过程,将大大提高课堂教学效率。人们认识事物最先都是通过直观体验,多媒体正好遵循了这个认知规律,促进教学改革向一个更科学、更先进的方向发展。

一、运用现代教育技术教学，创设情境，使学生产生浓厚的学习兴趣

"良好的开端，是成功的一半。"精心设计好这个开端，使学生从新课开始就产生强烈的求知欲，对于学生学习新知识是至关重要的。因此，在美术课的教学过程中，教师可依据教学内容的特点和学生的心理特征，遵循趣味性原则，根据新课内容和学生的学习实际情况巧妙运用电教媒体，促使学生产生强烈的求知欲，从而进入最佳的学习状态。如我在教学"漫画、卡通画"一课伊始，播放动画片《宝莲灯》的一个视频片段，让学生欣赏，绚丽的色彩效果、扣人心弦的故事情节和韵律十足的音乐，给学生的视觉、听觉以美的享受，形成一个轻松、愉悦的氛围，此后我再提出疑问："动画片是怎样制作的？其形成的历史如何？"这样创设情境，导入新课，激发了学生的学习兴趣。他们带着强烈的好奇心和浓厚的学习兴趣，积极、主动地开始了新课的学习，为完成教学目标奠定了良好的基础，达到了"课伊始，趣即生"的良好教学效果。

二、运用现代教育技术教学，再现情境，促进学生积极、主动地掌握新知识

现代教育技术是使用直观手段培养学生学习兴趣的有效方法，是在学习过程中促进学生思维发展的必要条件。在教学中用直观手段绝非易事，著名教育家苏姆林斯基说："使用直观手段要求教师有很高的科学和教育学修养，懂得儿童心理学，懂得掌握知识的过程。"

美术是直观性比较强的学科，通过学习构图、造型、设计，创造美的画面，给人以美的感受。美术教学所用的直观手段形式多样，有投影、幻灯、录像等。采用哪种直观形式、什么时候、在哪个教学环节上运用、如何运用，都要根据教学目的而定。

针对美术教材的重难点，教师可借助电教媒体，根据教学内容再现情境，把教材、教师所讲的内容和学生的想法融合在一起，帮助学生开阔视野，积累素材，进而突出重点，突破难点，完成教学目标。如在教学"我们的调色板"一课时，我依据教材中的重难点，用电脑制成各种色彩环境：蓝色的天空、大海，火红的烈日，绿色的森林，色彩鲜明的

水果及大量的具有色彩的实物图片，使学生沉浸在对色彩的无限遐想中，情感随色彩的变化而不断改变，从而解决了本课重点，突破了难点，使学生在获得美的熏陶的同时，积极、主动地掌握了新知识，开阔了视野，提高了认知能力，为日后的绘画创作奠定了扎实的基础，更为自身素质的提高创设了有利的条件。

三、运用现代教育技术教学，演绎情境，激起学生的创作欲望

绘画离不开想象，艺术的创作需要丰富的想象力。青少年的想象有很强的具体性、直观性。教学中运用直观手段发展学生的想象力，可以增强教学活动的生动性，并提高教学质量。学生通过绘画达到巩固新知、发展思维的目的。

如在学习"雅典、优美的古希腊雕塑"一课时，学生充满了好奇和不解。古希腊雕塑多源于《圣经》而创作，我抓住了学生好奇、爱幻想的特点，播放了雕塑人物在《圣经》中的几个片段。奇特的故事、神秘的力量，深深地牵动着学生的心弦，激起了学生无限的幻想和创作的热情，有利于学生打开思路、动手实践。因此，在美术教学过程中，教师要从实际出发，利用学生的好奇、爱幻想的特点，运用电教媒体，演绎情境，进行启迪，激起学生强烈的创作欲望，巩固所学知识、技能。教师因材施教，提高美术课堂的教学效果。

四、运用现代教育技术教学，升华情境，使学生积极、主动地强化新知识

作业展评、课堂小结，是巩固和强化新、旧知识内在联系的重要过程，也是一节课教学过程的最后一个环节。因此，教师依据不同的教学内容和学生实际差异，遵循计划性、针对性、趣味性原则，精心设计一个新颖、有趣的作业展评区和课堂小结，让学生有展示自身才华的机会。如"化腐朽为神奇"一课，让学生在完成创作后，将自己的作品放在桌上或展览厅予以展示，并结合电教媒体实物投影仪，将学生的作品按类型做成幻灯片，再配上适宜的音乐，对典型问题予以指出、分析、更正；对突出的作品进行分析、点评、鼓励、表扬，提高学生的审美能力。最

后，总结本课所学内容，使整节课在学生探索和求知的欢声笑语中结束。

总之，在美术的教学过程中，只要我们不断地优化教学技术，充分发挥其作用，并紧扣教材，就能优化课堂教学，突破教学重点，解决教学难点，并有效提高教学效果，丰富学生的感性认识，开拓学生的视野，激发学生学习的兴趣。

第三辑
向教育规律靠拢

导语：教师的每一次自我提升，都会让课堂发生一次"微革命"。每一堂课都是教育路上的一个点，点点相连，教师不断反思，便构成自身教学的轨迹，也决定教学的质量。

基础教育课程改革的"前世今生"

最近几年,核心素养进入我们的视野,成了教育界研究和实践的热点。教师们对如何践行核心素养背景下的课堂教学既满怀憧憬,又很迷茫,如雾里看花,找不到方向。核心素养从何而来?什么样的课堂才是我们努力追求和学习的课堂?核心素养背景下的课堂到底该教什么?怎么教?为什么要那样教?孩子们应该学什么?怎么学?为什么要那样学?

自中华人民共和国成立以来,我国基础教育课程改革的教育目标发生了3次重大转变,从"双基"的确立,到"三维目标"的提出,再到核心素养的出台,每次都对课堂教学产生了深刻的影响。那么这三次转变,它们之间是什么关系呢?是更替还是延续?是摒弃还是完善?让我们一起来拨开云雾见月明,捋一捋基础教育课程改革发展的脉络,聊一聊基础教育课程改革的"前世今生"。

一、"双基"引领下的教学

中华人民共和国成立以后,第一次教育目标的提出是在1952年3月,该年秋天教育部颁发了《小学暂行规程(草案)》,首次明确提出了"双基"概念,把小学教育目标表述为"使儿童具有读、写、算的基本能力和社会、自然的基本知识"。课程内容方面,注意科学性和思想性的有机结合,强调基础性和基本性,称为"双基"。主要强调培养学生的基本技能,这是从学科知识体系本身出发来考虑课程改革的目标。

这也是现代教育的开端,我们从小到大基本上都是接受讲授型教学方式,即"复习旧知—导入新课—讲解分析—样例练习—小结作业"。至今,我们成为教师,大部分学校和教师依然沿用这种教育方式。这五个教学环节之间环环相扣,每个环节都有具体的要求和标准。在"双基"的引领下，课堂教学逐渐从原来的松散、无序走向标准、规范，形成了较为稳定的教学结构：它极度强调效率，通过标准化流程和精准的教学控制，追求在有限的时间教更多的知识。

在传统课堂中，人们倾向于把没有问题的课堂视为一流的课堂，但它实际上违背了学习的本质。如在一些公开课上，师生配合默契，学生对答如流，甚至连每个教学环节用多长时间都和教案上写的分秒不差。这样一来，原本充满活力与挑战的教学活动，最终变成了一场根据剧本进行的表演。

这种强调效率的教学方式，虽然提升了我国基础教育的质量，有助于学生掌握基础知识和基本技能，但是，由于过于强调效率，课堂教学变成了"批量生产的流水线"，学生的创新意识等遭遇了不应有的忽视。

1949—2001年，对"双基"的修缮经历了7次变革。① 尝试与借鉴："双基"初创（1949—1952）；② 摸索与提升："双基"磨合（1953—1957）；③ 激进与反思："双基"激辩（1958—1965）；④ 否定和曲解："双基"危机（1966—1976）；⑤ 迷茫和回归："双基"澄明与"双基"理性（1977—1985）；⑥ 科学与使命："双基"规范（1986—1991）；⑦ 发展与变革："双基"突破（1992—2001）。这是一个不断进行着的发展和完善的过程。

二、"三维目标"引领下的教学

2001年，国家全面启动实施第八次新课改，正式提出了"三维目标"，即知识与技能、过程与方法、情感态度与价值观。"三维目标"是指一个目标的三个方面，而不是三个相互孤立的目标，对其理解可以准确地表述为在过程中掌握方法，获取知识，形成能力，培养情感态度与价值观。

"三维目标"所强调的是把学科内容与学生发展诉求结合起来。新课程之所以提出三维目标，旨在纠正过去我国单纯注重知识传授、忽视学生心理健康的弊端。课程目标按照"三维目标"的分类方式来叙述，目的是指导教师在课堂教学中转变教学方式，注重学生的主体性，更好地实现课程目标。

"三维目标"提出后，在一线教学中，不少一线教师在理解课程目标时，混淆了课程目标与教学目标，把课程目标误解为教学目标。目前许多教师在平时的教学设计中或者备课时，习惯把教学目标分解成三大类：知识与能力、过程与方法、情感态度与价值观。以为"过程与方法"目标可以脱离"知识与能力""情感态度与价值观"的培养而单独存在；一节课中有许多目标要完成。在具体的课堂教学时，他们又会针对不同的目标，设计出若干不同的教学步骤和活动，认为这样就可以落实"三维目标"了。实际上，"知识与能力"是教学目标的基础，"过程与方法"是达成前一目标的保障，"情感态度与价值观"的培养体现在"知识与能力"的培养过程中。在教学过程中割裂教学目标的完整性，容易造成课堂教学的低效或者无效。

从"双基"走向"三维目标"，既有量变又有质变，量变是从一维到三维，质变是由强调知识和技能到强调发展"三维目标"。新课程强调"三维目标"的有机统一，只有实现"三维目标"整合的教学才能有效促进学生的和谐发展。在"三维目标"的引领下，课堂教学从原来的"效率至上"转变为"关注效能"。效率是以正确的方式做事，而效能是以正确的方式做正确的事。关注效能的课堂强调学生在学习活动中的主体地位，关注的是学生的潜能，让学生通过自主、合作、探究的方式来学习。显然"三维目标"与"双基"相比，不仅有继承，还有超越。

三、核心素养引领下的教学

尽管较之"双基"，"三维目标"更加全面和深入，但缺乏对关键素质的清晰描述和科学界定，这个时候"核心素养"应运而生。

核心素养最早于1997年由世界经济合作组织提出。2002年，欧盟和美国也开始提倡。我国从2013年开始着手研究，2014年教育部研制印发《关于全面深化课程改革落实立德树人根本任务的意见》，提出教育部将组织研究和提出各学段学生发展核心素养体系，使学生在接受相应学段的教育过程中，逐步形成适应个人终身发展和社会发展需要的必备品格与关键能力。2016年9月13日《中国学生发展核心素养》总体框架正式发布。中国学生发展核心素养,以培养"全面发展的人"为核心,分为文化基础、自主发展、社会参与三个方面,综合表现为人文底蕴、科学精神、学会学习、健康生活、责任担当、实践创新六大素养,具体细化为国家认同等18个基本要点。各素养之间相互联系,相互补充,相互促进,在不同情境中发挥整体作用。全世界都在强调4C"核心素养",即合作、交流、创造性和批判性思维。概括地说,核心素养就是个体在解决复杂的现实问题的过程中所表现出来的综合性品质或能力。

学生发展核心素养体系总框架分为文化基础(人文底蕴、科学精神),自主发展(学会学习、健康生活),社会参与(责任担当、实践创新)三个方面。

如果说"三维目标"是一个宏观框架,那么核心素养就是这个框架里的关键要点。没有关键要点的框架如同空中楼阁。核心素养的提出,是"三维目标"的继承和超越、提炼和整合。它把知识、技能和过程、方法提炼为能力;它把情感、态度、价值观提炼为品格。它深入回答"立什么德?树什么人?"的根本问题,明确学生应具备的品格和关键能力,为教育工作者理解教育方针和教育教学实践指明具体的要求,从而引领课程改革和育人模式的变革。

核心素养的提出,提倡打破传统的教学秩序,尝试把真实生活带进课堂,站在长远、终身且面向未来的角度去培养学生。任何学科的内容都是促进人的全面发展的载体或者素材,真正的教育目标是提高学生的核心素养。

四、核心素养背景下的美术教学

就美术学科而言,核心素养下的美术课同样要立足于学科。美术学科核心素养是根据美术学科以视觉形象为主的特征和独特的育人功能,把观察能力、想象能力、动手实践能力、审美能力、社会认知理解能力融为一体,提炼出美术学科核心素养的五个方面,即图像识读、美术表现、审美态度、文化理解、创新能力。图像识读指对美术作品、图形、影像及其他视觉符号的观看、识别和解读。美术表现指运用传统理解美术作品、美术现象和观念。审美态度指对美术作品和现实中的审美对象进行感知、评价、判断与表达。文化理解指从文化的角度观察和理解美术作品、美术现象和观念。创新能力指在美术活动中形成创新意识，运用创意思维和创造性的方法。

当下及未来的学科发展，越来越导向学科的真正本质和教育属性。美术学科本质是满足生命成长的需要。美术学科的教育属性是以美育人。美术教师应"脚踏两条船，胸怀大世界"。"两条船"指学科与教育，人的发展是教育的出发点，儿童美术教育属于基础教育，基础教育是培育公民素养的教育，教学应从培养人的全面发展出发，而非迎合成人的审美。"胸怀大世界"即要有格局，开阔眼界，需要关注自然、社会、个人，需要具备通识的综合性知识和能力。美术教育如果只强调艺术本位，不和教育、社会、生活结合，那将无人关注。

过去的教学教师把知识教给学生，教完了，学完了，就结束了。现在从教会学生知识和技能转为教会学生解决问题，解决问题需要知识和技能。知识有学科的和跨学科的，比如，过元宵节，我们如果要做一个灯笼，就要具备一定的美术知识，但要做好一个灯笼，光有美术知识是远远不够的。学生还需要知道以下这些知识：灯笼使用什么样材料才能又结实又透光，如何测量、裁剪，如何拼接和搭建骨架，用什么样的灯芯明亮又漂亮。这些就涉及数学、力学等方面的知识。在制作灯笼的过程中，学生会遇到这样那样的难题，可以自主查资料，与同学合作探究，也可以请教家长或教师，这个过程中就需要具备表达、沟通和协调的能力。这样，把学习放到任务情境中去，最终学生不仅学会了解决问题，还学会了解决问题的途径和方法，从而培养了能力和品质。

所以，作为美术教师，我们一定要明确教学方向和思路，明确课程目标。在教学中，尽量搭建美术活动的平台，呵护学生，采用"曲线救国"的指导方式（不直接讲授专业的美术学科知识、技能、表现方法），用生活化的语言，关联儿童的生活经验，引发其感悟、生发、表达，并学以致用。

最后与大家分享一个观点:"匠人精神"没有错,只是未来的方向,一定是"整合跨界能力"效用远大于"单项能力"。因为高、精、尖的活,机器人能代替,而人的能力必须体现在整合、创造上。希望我的观点,能给大家未来的课堂建构引发一些思考,带来一点启发,找到一个支点,点亮一抹星光。

第三辑 向教育规律靠拢

如何制作优质的学科微课

最近几年,我发现我们的生活和以前大不一样了。例如,之前我们买东西要到指定的地点去买,现在我们可以选择网购。因为网购便捷,节省时间。再如,我们想去国内的西藏、新疆或是国外旅行,之前的做法是跟团,请导游,现在我们有些人更喜欢自由行。上网提前做好攻略,预订好每天在哪玩、在哪吃、在哪住。到国外旅行,会担心语言不通,现在也不用担心了,可以在手机上安装一个语言转换的 APP,它能将汉语自动转换成我们想要的外语。多方便!这些方便是谁带来的?是谁改变了生活?网络、科技等。

科学技术给我们的生活带来了极大的便利,对教育教学带来的影响更是不容小觑!以前,只有少数精英、学霸可以听到哈佛大学、耶鲁大学、清华大学、北京大学等名牌大学的课,现在你只要你下载相关学习的 APP,只要你愿意学,就可以学。

一 微课的定义

今天我们要讲的微课,就是信息技术针对教育教学领域衍生出的一个产物。微课作为一种新兴的教学资源,一出现就很快成为我国基础教育和高等教育信息化领域的焦点,受到很多教育研究者和一线教师的广泛关注,目前微课的制作和应用已经成了教育界备受瞩目的话题。

什么是微课?作为一名教师,我还是更习惯于将事物界定为一个较为明确和具体的东西:微课是以阐释某一知识点为目标,以简短的在线视频为表现形式,以学习或教学应用为目的的在线教学视频。微课时长一般为 5~8 分钟,甚至更短,有明确的教学目标,内容简短,语言精练,集中说明一个问题。

二、微课的构成要素

微课以视频为载体,但微课不仅仅是一个视频,还有与之相配套的构成要素。

微课是由哪些要素构成的呢?微课的核心组成内容除了课堂教学视频(课例片段)外,还包含与该教学主题相关的教学设计、素材课件、教学反思、练习测试及学生反馈、教师点评等辅助性教学资源,它们以一定的组织关系和呈现方式共同创设了一个半结构化、主题式的资源单元应用环境。因此,微课有别于传统单一资源类型的教学课例、教学课件、教学设计、教学反思等教学资源,是在其基础上继承和发展起来的一种新型教学资源。

三、微课的分类

按照课堂教学方法来分类,最为常用的有讲授类、演示类、问答类、探究类、启发类。一节微课一般对应于某一种微课类型,但也可以同时是两种或两种以上的微课类型的组合(如提问讲授类、合作探究类等)。随着现代教育教学理论的不断发展,以及教学方法和教学手段的不断创新,微课也需要教师在教学实践中不断发展和完善。

除了按课堂教学方法来分类外,还可以按课堂教学主要环节来分类。微课类型可分为课前复习类、新课导入类、知识理解类、练习巩固类、小结拓展类等,稍后会在微课的应用中为大家详细讲解。下面我们来归纳一下微课的特点。

四、微课的特点

1. 简短、精练

微课的设置主要是为了突出课堂教学中某个学科知识点(如教学重点、难点、易错点),或是反映课堂中某个教学环节、教学主题。因此,根据中小学生的认知特点和学习规律,微课时长一般为5~8分钟,最长不宜超过10分钟。

从容量上来说，微课视频和配套辅助资源的总容量一般在几十兆左右，视频格式须是支持网络在线播放的流媒体格式（如 rm、wmv、flv 等），师生可以流畅地在线观摩课例，查看教案、课件等辅助资源，也可以将其下载并保存到终端设备（如电脑、手机等）上，实现移动学习，这种形式非常适合教师的观摩、评课、反思和研究。同时微课要做到文字简洁，微课上的文字一般都要清晰、精练、有条理。

2. 目标明确

目标单一，一次微课只为讲解清楚一个知识点（讲多了、讲杂了就不是微课了）。指向明确，包括资源设计指向、教学活动指向等明确，其设计与制作均围绕某一知识点而展开。

3. 易于分享与交流

微课内容少，易于制作。课程的使用对象是教师和学生，课程研发的目的是将教学内容、教学目标、教学手段紧密地联系起来，是"为了教学、在教学中、通过教学"，而不是去验证理论、推演理论，因此研发内容一定是教师自己熟悉的、感兴趣的、有能力教授的。

微课课程容量小、用时短，因此传播形式多样（网络传播、手机传播等）。研究内容容易表达，研究成果容易转化；易于吸引学习者的注意力，帮助学生实现有效、自主学习，提高学生的学习效率；同时内容集中，有利于同行交流和点评，更有利于实现教学理念的贯彻和技能的提升，促进自身的成长。

五、微课的设计与制作

微课的设计与制作，要明确教学目标，要搞清楚微课解决的问题。既要保障设计的微课实用有效，又要辅助课堂教学和提高学习兴趣。并非所有的教学内容都适合做微课，适合做微课的必须是教学中的重点、难点和易错点。

第一，选取的内容不能太浅显，学生一看就会的东西不需要做微课。以三年级下册第11课"剪团花，巧装饰"为例：三年级的孩子，具备了一定的观察、思考和动手能力；通过二年级"我们的大花瓶""有趣的剪纸娃娃"的学习，学生已经掌握了一些关于剪纸、折纸的方法。在这种情况下，学生要掌握对折法中的二折法和四折法，是完全可以通过已有的经验来实现的，如果硬是要通过制作微课来传授，就显得有些小题大做了。

第二，选取的内容不能太宽泛，必须要有针对性。以"剪团花，巧装饰"为例，本课的难点在于运用团花重复构成的规律，创作与众不同的团花，侧重点在于如何折、如何设计、如何剪，折和剪的问题学生可以轻易解决，无需再做微课，关键在于如何设计。如果为了追求知识的全面性，将团花的寓意、如何折、如何剪都加入微课之中，就会顾此失彼，失去微课的价值所在。针对"剪团花，巧装饰"一课，我制作了两个微课，分别是"如何设计、如何剪"（解决设计和剪的问题）和"团花六等份和十二等份的折法"（解决运用团花重复构成的规律再创作）。

第三，有了目标，我们还要明确微课的应用区域：是用在课前、课中还是用在课后。课前：整体应用，初步感知。课中：分层应用，突破重点或解决难点，解决困惑。课后：针对应用，查漏补缺，巩固知识，温故知新。明确了应用区域，还得考虑微课的受众范围：一是要考虑受众的年龄特征。不同年龄段的学生有不同的特征，微课的设置要适应学生的认知水平和认知规律，如低年级更侧重于趣味性，中年级侧重于创意性，高年级侧重于挑战性；二是要考虑受众的不同层面，判断微课面向的是全体学生还是个别学生，能否满足不同层次学生的需求。

选好了内容，定好了位，接下来用什么样的教学策略来教学呢？在这里我推荐3种策略。

第一种策略：化繁为简，以小见大，直指原因和对策，使微课能够有效呈现，有利于引起学生的思考。

第二种策略：化难为易，大道至简。将比较专业化的东西通俗化，便于学习者的理解和掌握。

第三种策略：形式新颖，创意多多，抓住学生喜欢玩的特点，紧密结合内容，把枯燥的东西趣味化，激发学生的学习兴趣。恰当的形式可以提高内容的表达效果。

下面我再补充一下设计微课需要注意的问题：

① 准备好配套的材料。如美术工具、PPT、录音的文字稿、音乐、电子遥控笔等。② 教学设计要完整，微课一开始要点明主题，结束部分最好要有一个简短的总结。要点的概括帮助学生梳理思路。③ 微课画面美观大方，布局合理，切忌布局的杂乱和色彩的花哨，导致分散学生的注意力。④ 语言文字要简洁、精练，表述准确、清晰、有条理。必要的地方可以设置提示性的标志（如调整字号大小或使用特殊字体）。⑤ 选择与内容相匹配的恰当的录制方式。

六、微课的录制

录制微课的方法有很多，如录播教室录制、专业演播室制作、智能笔录制、专用软件录制等。这一系列微课录制方法深受广大教师的喜爱。其中，最常用的是用手机和录屏软件录制。

你的手机像素必须足够高，且手机要有内存卡。录制之前，做好录前准备。录制时可以点击手机上的录制按钮。录制时最好借用专门夹手机的工具——手机支架，有了手机支架，可以在任何地方、以任何角度进行拍摄。拍摄的时候要固定好取景框，再进行拍摄。录制好后，再进行后期剪辑和加工。最后保存为合适的格式。

我要重点讲的是第二种录制微课的方法：PPT 讲解+批注（录屏、录音）。先要准备好 PPT 和要说的话，然后借用录屏软件进行录制。Camtasia Studio 6 和 PowerPoint 2010 是目前最常见的录屏软件之一，简单、实用，既有录屏的功能，又有后期处理的功能。

录制微课的时候还需要注意以下一些问题：① 关掉不必要的软件。② 检查软件是否正常工作。③ 把要说出来的话写出来。语速适中，必要的地方要有语气的变化或停顿。④ 用手机录像时，尽量不出现头像和其他的装饰品，避免分散学生的注意力。⑤ 录制视频时，要保持周围环境的安静（选择晚上或远离闹市区），将手机调成静音，远离电脑，不要有噪声。使用录屏软件录制时，可以用耳麦录音，减小噪声的影响。录制完成后可以再进行后期的声音处理。⑥ 讲解课程时，鼠标在屏幕上的速度不要太快，不要乱晃。（最好用电子笔，上下翻页，无痕迹，无噪声）⑦使用恰当的背景音乐，控制音量，如无必要，不加音乐。

七、微课在课堂中的应用

不少一线教师对微课设计、开发与应用的目的还不够清晰、明确，不少微课作品的设计和开发源于微课比赛，一些微课的设计和开发以参赛为目的。对为什么要设计、开发微课，设计和开发微课之后应该如何使用，可以在哪些地方使用，以及用哪些方法使用，并没有清晰的认识。微课为教学和学习模式的创新而生，让教师教得轻松，让学生学得快乐、学得高效。微课进入中国后，很多学者及教学一线的教师对微课的运用进行了探讨与实践。下面我就具体讲一下微课在课堂中的应用。

1. 应用在课前预习

学生于课前按教师所提供的视频和导学案上的教学目标先期自学，这个时候学生的自学不是盲目的，而是有方向、有目标的，自学过程中学生记录未能解决的问题。学生带着这些问题在课中以小组讨论的方式进行组内交流和思维的碰撞，交流后对组内未能解决的也就是共性的问题进行汇报，这时就需要组间探究或向教师寻求知识援助，以便解决问题。课前使用微课可以充分发挥学生的主体作用和教师的主导作用，改变原来僵硬死板的教学模式，注重培养学生发现、分析和解决问题的能力，使课堂翻转过来，使学生从原来的"学会"，转变为现在的"会学"，体现"先学后教、能思会学"的思想，最终让学生的自主学习成为一种习惯，让合作自主探究成为一种常态，为学生的后续学习和终身学习奠定一定的基础，并产生深远的影响。

2. 应用在课中

微课可以用于新课导入。课程开始时利用微课创设相关情境，有效地激发学生的学习兴趣，让他们快速进入学习状态，积极投入新课的学习中。

微课在课中使用，还可以用于重难点的知识理解：针对课堂中的重点、难点、疑点、易错点或易混淆点的地方，播放微课，完成知识内化，保持或提高学生的学习兴趣。微课在课中还可以用于解决学习内容专业性太强，不易于学生理解，讲解和示范吃力或时间不充裕的情况。在课堂中很难讲透彻的理论和内容，运用微课能很好地解决，在课堂中讲到此处时播放所需要的微课即可。在课堂应用时，可以在提出的问题部分，点击暂停，防止学生被动接受，把问题抛给学生去思考和讨论，给学生以探究问题、解决问题的空间，促进学生将知识内化。

微课在课中还可以用于解决不易统一学生学习进度，需要反复演示的示范，教师示范、辅导无力分身的问题。用微课代替教师的示范，这时教师可腾出时间进行有效的个别辅导。微课还可以用于课中练习，以起到巩固个别提升的效果。在学生掌握基本知识和技能后，可尝试让学生进一步探索，使接受能力强的学生得到更大的提升。

3. 应用在课的结尾

微课应用于课程结尾的常规复习，既能帮助学生巩固所学的知识，避免遗忘要点、难点，也能帮助缺课的学生进行随时随地的重复性或补救性的学习，从而帮助学生自主查缺补漏。

微课还可以应用于课后的知识拓展，学习完一个内容后，把相关系列的知识点制作成微课。

给大家分享了这么多有关微课的内容，相信大家一定对微课的具体使用有了大致的了解。除此之外，我还要提醒大家使用微课时需要注意的问题：微课不是使用视频取代教师教学，不是让学生无序学习、孤立学习；微课只是一种手段，是创设更多机会，让学生积极主动学习；微课为创新课程教学模式提供基础，是提高课程教学质量的重要途径之一；微课时间不宜太长，不是让学生理解某一方面的知识，而是介绍某个知识点。同时要教授学生看视频的技巧，要带着问题看，而不是被动地看。

可以说，无论是课堂的哪一个环节、哪一种研究活动，只要根据需要找准微课与课堂活动的切入点，在合适的时机用合适的方式，使微课有机融入教学过程，微课就能发挥大作用，成就大课堂。

无论是对于学生还是对于教师而言，微课无疑都是一次对思想的改革。它促成一种自主学习的模式，同时还提供教师自我提升的机会，最终达到高效课堂和教学相长的目标。

我今天讲微课并不是让以后所有的课都做微课,都用微课,而是根据课程的内容适当、适度地使用微课。现代信息技术可以帮助我们取得更好的学习效果,也就是为我所用,为教育所用。但我们要清楚科学技术是不断发展的,今天的技术必将会被明天、后天的技术所取代,而永远不会被取代的是什么呢?是教育的初衷,是培养人,是如何更好地教、更好地学。

谈美术教师的职业规划

上周我自从接到任务，知道将有远道而来的同行和朋友前来交流，就一直在思考应该给大家讲点什么。无论在什么年纪、在什么岗位，我们每个人都是渴望进步、渴望成长、渴望发展的，但我们的成长不会一帆风顺，会遇到各种困惑，会有各种迷茫。尤其作为美术教师，我们必须认识到美术是一门非主科的学科，处于从属地位。虽然学校也很重视美术学科，但很多时候我们需要配合其他学科的老师和做学校的其他工作——俗称"打杂"，有的教师可能还要兼任其他学科的教学任务，长此以往，我们容易焦虑、烦躁，甚至迷失自我，找不到方向。那怎么解决这些问题呢？有位哲学家说得好："接受我们改变不了的事情，改变我们能改变的事情。"我们能改变什么？唯有我们自己。而改变自己最重要、最迫在眉睫的是尽早对自己有个正确的认识，尽早对自己的职业发展做出规划。

今天我就结合我自己的专业发展经历和成长故事，聊聊美术教师的职业规划。希望我的成长经历能为大家的职业规划带来一些启示和借鉴。我认为美术教师的职业规划可以分以下四步走。

一、正确分析自己，明确定位，寻找职业发展的突破口

我是北方人，在南方没有亲戚朋友，2003年我以优异的成绩顺利走出了大学的校门，一个偶然的机会被招聘到东莞市一所中学。因为在大学的时候我的成绩很突出，我在学院里做学生干部，毕业时被评为省级优秀毕业生，进了学校之后，学校领导非常重视我。除了安排我担任初中美术教师外，还让我做团委书记，负责学校的团委工作。初出茅庐的我在没有任何执教经验的情况下全身心地投入学校安排的各种活动中，

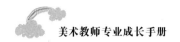

事务性的工作使我每天忙忙碌碌，几乎完全无法顾及自身美术专业的发展和教学教法的提高。一段时间过后，我虽然身体上疲惫不堪，却找不到忙碌而带来的充实感，内心无比空虚和迷茫。当时我对自己的状态相当不满意。于是我开始找解决的办法，向那些资历深的老教师请教。经过多次求教，我终于找到了我的问题所在。

我自知是个平凡的人，不是天才。一个平凡的人只能靠勤奋和努力去弥补自身的缺陷和不足。凭我当时的能力，我兼顾不了教学、行政等多方面的工作，我必须做出选择和取舍。同时，我意识到三个问题。

第一，教学是教师的第一阵地，教学技能是教师的核心技术。作为一名新教师，只有提高自身的职业素养和教学能力，这样才能在教学这块阵地上真正站稳脚跟。当然力所能及或有余力的话，也是可以尝试其他行政工作的，但要分清它们的主次关系。

第二，作为一名美术教师，立足之本是自己的专业能力，只有在专业上被认可，将扎实的专业基本功作为屏障支撑，内心才会感到充实和踏实。在教高中学生的时候，只要教好美术鉴赏课，把高考的三个必考项目（素描、色彩、速写专项）教好就可以了，但到了初中和小学，美术教师要会各种绘画、手工等，不然没办法胜任教学工作。只能与时俱进，不断学习和提升。虽然很难做到样样精通，但哪样都得会，并且要有一技之长。

很多年轻的教师问我怎样选择自己的专业发展方向。我建议可以从三个层面来确定：自己喜欢的、自己擅长的、单位发展需要的（你会得到单位人力和物力的全力支持）。最理想的状态是三者相结合。专业上要有一技之长，之后才是广泛涉猎。

第三，教师必须有科学研究的意识。我把教师分为五个层次，分别是新手上路、合格教师、优秀教师、名师、教育家。能够做到教学和专业兼顾，一定是名合格的教师，但想做一名优秀的教师，光是教学和专业能力强还不够。无论是教学还是专业发展，一味地教和练，只能成为一个"教书匠""画匠"，而不能成为"大家""大师"。因此，教师必须要有科学研究的意识，把自身的经验及解决困惑的过程进行总结、提炼、提升、推广,并把研究的东西写成论文,做成课题。这既是我们成长的需要,也是评优、评先、评职称需要的硬件条件,千万不可忽视!

专业定位、专业发展的方向,在很大程度上聚焦在专业身份的确认上,否则面对专业发展,你可能会摇摆、迷茫。身份既是一种专业方向的认同,也是专业责任的担当,专业发展就是在专业方向的认同中寻找自己的理想,在专业责任的担当中提升自己的水平。

认识到这些问题的所在,我马上调整自身定位,辞去了团委书记的工作,并规划出美术专业发展和教学教研的路线。当我知道了自己需要什么,明确了方向时,就有了信念,就有了理想,就有路可走。

二、确立个人发展目标,不断给自己设定不同的目标

著名教育专家陈萍老师说:"让你与众不同的最简单方式就是设立目标。目标就是动力,目标就是方向,制定目标应该成为我们生活的一种习惯。"那是不是制定的目标一定能实现呢?

不一定,往往很多人设定的目标都无法实现。为什么呢?因为任何事情都不是一蹴而就的,专业成长亦然。

我把目标分为小目标、短期目标、中期目标、长期目标、终极目标,这些目标就像一层层的阶梯,我们需要一步一步地踏上各层阶梯,这样取得成功相对容易些;反之,你若想一步登天,那就相当困难了,有可能还会摔得头破血流。

设立的目标既要放眼未来,也要着眼当下。就以我个人为例,我先会对自己进行全面的自我认识和准确的自我评估,认真地审视自己在当前状况下占有的优势和存在的缺陷;再根据自己的实际情况仔细分析要想达到目标需要具备哪些条件、如何才能具备这些条件。

例如,每位教师都有成为名师的梦想,可是对一个应届毕业生来说,在短期内要实现成为名师的目标显然不合情理,也是很难达到的,但我们可以把成为名师作为长期目标或终极目标。

确定了长期目标或终极目标后,下面我们应该怎么做?第一,分析要达成这个目标还需要具备哪些条件,如教学、科研等。看看要实现这

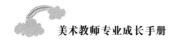

些目标目前我们最需要做什么。可以先从教学入手，看看哪些是教学方面当前急需解决的问题，把它们列出来，如新教师应怎样正确领会教材内容；如何教学不同性格和年龄段的学生；如何设定常规课的教学目标；怎样撰写教案（设计）；等等。第二，确定哪些是近期可以通过努力实现的。如学会听课和评课，能在他人的课堂上汲取营养；完成一节规范、设计合理的展示课；根据自己的教学感受撰写教育教学论文；等等。

把这些条件按时间、可行性罗列出来，再制成表格打印出来，贴在办公桌抬头便可以看到的地方，以起到时刻提醒、督促自己的作用。制定目标不是最终目的，目标最终还要通过自己的努力来实现。这样既能体会完成小目标和短期目标的成就感、满足感，又能一步一步踏上梦想的阶梯，那种喜悦是真正的快乐。

三、专业成长没有捷径

虽然成长没有捷径，但并非无路可循、无路可走。细心的教师会发现这样一种现象，几乎所有的特级教师、名师都有一个特点——爱学习。学习使他们充满智慧和灵气，学习使他们具有广博的知识和深厚的文化底蕴。作为一线教师，我们应该学什么？怎么学？我给大家两点建议。

1. 让阅读成为习惯——与专家或名师心灵对话

尹少淳：美术学博士，首都师范大学学术委员会委员，美术学院教授、博士生导师，亚洲美术教育研究发展中心主任，教育部艺术教育委员会委员，教育部国家基础教育课程教材专家工作委员会委员，教育部美术课程标准研制（修订）课题组组长，中国美术家协会少儿美术艺术委员会主任。

陈丹青：作为一名画家，他的画风卓然，他对中西方艺术及社会现象等诸多问题都进行了颇有价值的思考。陈丹青做过很多演讲、访谈，他对教育、传媒等文化领域及社会诸多现象都有独到的见解，是目前中国最具影响力的文化批评者之一，是被很多人认可的一位现代中国以自由主义精神深刻思考的坚定先行者。

孙晓云：身为一名女书法家，始终将"女红"作为书法艺术不懈追求的境界，逐渐形成潇洒、自然、恬静淡雅、秀敏灵动的艺术风格。从20世纪80年代中期开始，她在全国书法大赛中屡屡获得大奖，在海内外产生了重大影响。经过不懈的努力，她以坚实的传统帖学功底与鲜明的个人书法特色，成为当今书坛的领军人物之一。

李力加：浙江师范大学美术学院教授、硕士生导师，基础美术研究中心主任，中央教育科学研究所专家组成员。"艺术课程标准研究与制定"研制组核心成员、美术子课题负责人。

于永正：江苏省特级教师，江苏省教育模范，被评为"国家有突出贡献的专家"，享受国务院颁发的政府特殊津贴。

陈萍：中国教育学会班主任专业委员会理事长，江苏省扬州市教育科学研究院教研室主任，正高级教师（三级教授），江苏省特级教师，苏州大学客座教授，扬州大学硕士生导师，国家级普通话测试员，教育部特聘中小学教材审查专家，国家级课改实验区专家，国家级校长，教师培训专家，中国教育学会特聘"未来教育家专业成长导师"，《中小学班主任》期刊主编，教育部主管的《中国教师报》称其为"教师专业发展领跑者"。

以上这些专家和名师都有一个共同的特点——热爱学习，喜欢读书。我听了许多教育专家的讲座，拜读了很多教育名家的文章，他们的文章大都语言清新流畅，文字凝练。他们拥有儒雅的气质，散发着书香。

教师的专业成长需要理论的指导，没有理论指导的实践是盲目的实践。因此，我根据自身的需要，选读一些教育理论方面的经典书籍，特别是一些大师作品，通过读书增加自身底蕴，提高自身素养，让自己浸润在文化的滋养里。一本好书就是一个精彩的世界，它能陶冶情操和气质，使人高尚，使人明理践行。在这里我给大家推荐一些好书。

首先推荐的是教育方面的书籍。作为教师，要有立德树人的教育情怀，因此我先推荐看教育类的书籍。如：《理想国》（柏拉图）、《爱弥儿》（卢梭）、《民主主义与教育》（杜威）、《给教师的建议》（苏霍姆林斯基）、《教学勇气——漫步老师心灵》（帕克·帕尔默）、《学习的快乐——走向对话》（佐藤学）、《教育的目的》（艾尔弗雷德·诺思·怀特海)、《教育就是解放心灵》(克里希那穆提)、《写给教师的心理学》(斯科特·巴克勒、保罗·卡斯尔)、《幸福与教育》(内尔·诺丁斯)、《56号教室的奇迹》(雷夫·艾斯奎斯)。

其次是美术教学和专业方面的书籍。各位名家传记、名家画册,可以让你从大师的成长经历中汲取营养。如:《美术核心素养大家谈》(尹少淳)、《美术教学指南》(迈克·帕克斯)、《聚焦学科核心素养的课堂教学》(李文萱)、《书法有法》(孙晓云)、《为孩子重塑教育》(托尼·瓦格纳)、《核心素养导向下的课堂教学》(余文森)、《课程的力量——学校课程规划、设计与实施》(万伟)。

教师是家长的合作伙伴,有帮助家长的义务。当家长有教育孩子方面的困惑时,他们经常会向教师请教,这个时候你就可以把这些好书推荐给他们,或讲给他们听。家长定会对你这个美术教师刮目相看。我们每个人终将成为家长,我们教育自己的孩子同样要得法得当。推荐书目有以下这些:《斯宾塞的快乐教育》(赫伯特·斯宾塞)、《卡尔·威特的教育》(卡尔·威特)、《有吸收力的心灵》(玛丽亚·蒙台梭利)、《早期教育与天才》(木村久一)、《孩子,把你的手给我》(海姆·G.吉诺特)、《正面管教》(简·尼尔森)、《家庭教育与父母教育》(陈鹤琴)、《家教对了,孩子就一定行》(陈钱林)、《中国英才家庭造》(王金战)、《一岁就上常青藤》(薛涌)。

用枕边读物提升自己持续学习的能力,专业书、非专业书都可以读,如文化、文学方面的书籍《文化苦旅》《中国文脉》等,还有哲学、心理学、管理学等方面的书籍,尽量博览群书,跨领域读书,拓展知识的宽度,成为更综合、更全面的人。

真正的读书,是一个人的精神远征;做一个有气质的人,应该从阅读开始;读书不仅仅是一个人的行为,还是一群人的事业。

教师只有不断学习、探索,陶冶自己的情操,扩大自己的视野,才能跟上时代的步伐,才能有更多、更新的知识来面对学生提出的各种问题。在有阳光的午后,在春雨绵绵的假日,在万籁俱寂的夜晚,读书的日子会很宁静,也会很浪漫。与大师心灵对话,与另一个自我赤诚相见,你的目光会变得平和，你的内心会变得坦然，你的生活会更加丰满，你的思想会更加成熟。

董卿曾经说过，多读书，读好书。眼下你读的书可能不能马上用得上，但你读的书一定不会白读，总有一天你读过的书会让你超凡脱俗、与众不同。

2. 承担公开课——专家引领，名师指导，专业团队保驾护航

除了读书外，承担公开课也是教师历练和成长的必经之路。在我看来，公开课分为三种类型：第一种是校内公开课，第二种是对外观摩课、展示课，第三种是各级各类的评比课或赛课。

校内公开课面对的群体是本校的教师或是一个科目组的教师，目的是大家通过互相听课、互相借鉴和研讨，从中找到改善课堂教学的方向、方法和路径，从而提高整个科目组或学校教师的教学能力。

对外观摩课、展示课及各级各类的评比课或赛课，面对的是外界的同行或是业界的专家，这样的课除了代表教师个人的能力和水平外，还代表一个学校或是一个地区的教学水平。因此，往往一节课会倾注一个学校或是一个地区的教学智慧，是一个集体的智慧结晶。

我在10多年的教学生涯中，承担公开课30多次，其中多数为市级或市级以上的赛课和对外展示课。每逢市级赛课或对外展示课，学校或工作室都会成立一个专业团队共同备课、研课，团队中的每一个成员总是力求完美，有时为了一个情境的创设争论得脸红耳赤，有时为了一句过渡语言苦苦思索、细细推敲……就这样，我不断学习着团队成员的优秀经验，不断汲取着营养。整个磨课的过程是教师与教师之间思维碰撞、头脑风暴、互相启迪的过程，同时也是授课者深度思考、反复琢磨、信息筛选、集思广益、重组再造、不断改进、精心雕琢的过程。它给我带来的专业体验和行为跟进是常态课所无法比拟的。当我不辞辛劳地打造公开课的时候，公开课也打造了我。当然，这种机会不是谁都有的，需要争取。

广州美术学院2004届毕业生来东莞市各大中学实习，需要有人上一节示范课。当时我就接下了这个任务。示范课的课题为"辉煌的中国古

代工艺美术——中国古代玉器"，在自主独立完成的情况下，示范课取得了圆满的成功。前来调研的广州美术学院教育研究室副主任、研究员、硕士生导师陈卫和教授在听了我的示范课后，给予了很高的评价："这位老师的课为高中的美术鉴赏提供了一种新的思路和视角。"得到著名教授的肯定，欣喜的同时，无疑也增添了我继续进行教学教研的信心和勇气。

这件事过了不久，又赶上东莞市举办第三届美术优质课现场大赛，在专业友人的鼓励下，我接下了代表学校参加市级赛课的任务。经过层层选拔我进入了总决赛，取得了现场优质课第一名的成绩，并有幸在赛后与广东省著名教育专家戴立德老师相识。戴老师亲善端庄、博学广识，不仅对我的课做出了精彩的点评，还提出了很多可贵的修改意见。除此之外，东莞市教研会主任谢洪涛老师也亲临指导，分析和讲评了构建优质课堂的细节。

因为这些公开课，我有了很多和名师面对面对话的机会，经过专家和名师的专业引领和精雕细琢，我对如何把握教材、如何把握教学进度、如何设计课堂的每一个环节的思路越来越清晰。

四、把握美术教学的五个部分

我认为美术教学分为以下五个部分：课前思考、撰写教学设计、组织课堂教学、反思教学、撰写论文。

1. 课前思考

无论是美术的教学还是其他学科的教学都要弄清楚这几个问题：教什么？怎么教？为什么这样教？学什么？怎么学？为什么这样学？讲什么？怎么讲？为什么这样讲？即内容、方法和策略、目标和意图。

在上美术课之前，我们先要弄清楚我们要教什么，也就是教学内容。教学内容一般源自教材，也有结合学校大型活动或各级比赛的内容。教什么？其实就是准确把握教材，理解教材编写的意图，弄清楚教材想要解决的问题，抓住教学重点和难点。

怎样把握教材呢？除了要看这节课要讲的教材内容外，还要看教材前后都讲了什么内容，找到它们之间的联系；如果有参考书，可以研读一下，看看单元重点和单元各课要解决的问题。除此之外，还要弄清楚这节课属于什么课型，了解美术课有四种课型（造型表现、设计应用、欣赏评述、综合探索）。

分析教材的过程其实就是把握教学重点和难点的过程。先依据重点和难点设置教学的总目标和各个环节的分目标；再根据目标及学生的年龄特点、喜好确定相应的方法和策略。

2. 撰写教学设计

教学设计包括以下几大部分：教材分析—学情分析—教学目标—教学重难点—教学准备—教学环节（导入、新课学习活动、布置作业、作品展评、课后拓展等）。建议写详细的预案，细到每一句话怎么说，预测学生的反应和回答，什么情况应该怎样应对。把每一节课都当公开课上，把一节课的内容反复修改，力求精益求精。

导入是一节课的灵魂，决定了一节课的成败。有两个原则：一是切入点尽量要做到巧、奇、新；二是要和课程的教学高度吻合，但不能为了巧、奇、新而脱离实际。

设定了教学目标和教学重难点，教学过程中要适当运用一定的方法和策略解决问题。用什么样的方法和策略的落脚点或思考的角度应该是"教学到底是教什么，是教学科知识，还是教思维方式、方法、策略？"

作品展评要求具体、分项分条，内容直指评价。有了具体的要求，评价才有根有据。评价时不可用"哪幅作品最好"这样的字眼，可用"最喜欢哪一幅作品"追问学生喜欢的理由及改进的建议，理由从作品要求里面找。还可以谈谈具体的收获，学到了什么，体会到了什么。

课后拓展应尽量从情感、态度、价值观的角度去思考，也可以从人文、科技方面拓展。

3. 组织课堂教学

不知道大家有没有这样的体验或是见过类似的课堂，就是上课教师的教学设计是由团队一起备课打造出来的，或是移植了某名师的课堂，这样的教学设计可以说是比较严谨、科学的。同样的教学设计，有的教师上课的时候可以轻松驾驭课堂，完美实现教学目标；有的教师上课的

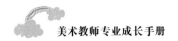

时候却可能会出现课堂失控的状况,上着上着,上不下去了,或者被学生扰乱了思路,无法达到预期的效果。往往教师将这种情况归咎于学生素质差,学生配合度不高。

学生的素质和配合度只是客观原因,我们还应该从主观上找原因。我相信每个班都会有调皮捣蛋的学生,每个学生都有表现自己的欲望,这时候就要看教师如何来调动和调配课堂。再完美的教学设计,如果没有良好的课堂组织能力作为保障,就等于白费功夫。因此教师的课堂组织能力至关重要。

教师的课堂组织能力从哪里来?靠教师的教学专业素养,让学生钦佩。靠教师的个人魅力,让学生喜欢。靠教师课堂管理的措施、技巧、方法,让学生信服。要向语文、数学、英语学科的教师学习,制定规则,奖惩有道。

制定规则就是要对学生有要求,建章立制的最佳时期是在新生入学或是新学期开学伊始。如我带的班级,我要求学生在上课铃声响起前自觉排好队在美术教室门口等候。每个学生上课前要带齐材料,并用大文件袋装好。进入教室按队列进入,不能聊天。坐好后,将材料放椅子的旁边,没有教师的指令不能拿到桌面上。上课要专注倾听,倾听教师的指令、同学的发言。总而言之,要对学生有要求。有的教师肯定要问:我要求了,他们不听怎么办?这就是我接下来要讲的奖惩有道。

我所有的课堂要求都与学生的个人奖励与小组的奖惩捆绑:每一个课堂要求都是积分点。有的学生自律性比较差,一组内的学生会提醒和监督。做得好加分、做得不够好不得分或扣分,一周一小奖,一月一大奖。奖品可以是教师的美术作品,如一个窗花、一个书签等;也可以是物质上的小奖励,如小零食、小文具、小摆件;还可以是精神上的小奖励。对于低年段的学生,一个小印花、一个充满爱的拥抱都非常有效。当然奖品、措施、方法不能千篇一律,要随着不同年龄段学生的心理变化而变化。相信凭借着你的专业素养、个人魅力及充满智慧的课堂组织方法和策略,你驾驭课堂会比较游刃有余。

4. 反思教学

再高明的教师，在其执教的过程中也不可能做到尽善尽美。撰写教学反思是对自己的课堂经验和教学方式的重新审视，可以有效地纠正教学观念、教学行为上的偏差，形成自己对教学现象、教学问题的独立思考和创造性见解，提高自我觉察水平和教学监控能力。

教学反思是从教学实践中产生的，它是教师思想智慧的结晶。教学反思涉及教学工作的方方面面。可以通过在课堂上对学生进行观察、记录、分析，对学生的学习能力、学习态度、情感、兴趣和价值观，以及学生参与、合作、探究、认知等各方面的能力进行综合评价，并予以学生反馈；可以审视和分析自己的教学行为和目标的确立、课时计划的安排、对教学策略的选择、对教学重难点的确定、对教学内容的组织、对教学流程的编排、对教学方法的选择、对教学媒体的运用、对教学现象的分析、对典型问题的探讨、对学生学习的设计、对学生反应的思考、对教学效果的检评等。这些内容可以根据教学的实际情况，择其一二进行小结，或批注点评，或连缀成篇。

5. 撰写论文

除了撰写教学反思之外，撰写论文也是教师的必修课。无论是评职称，还是评优秀，论文都是必不可少的。论文写作的基础就是研究，有深刻的研究才能写出优秀的论文。没有研究的论文是没有价值的文字，是没有深度的文字。

教师论文写作有非常多的着眼点，如论点论述、专题研究、教材探索、技法研究、学法指导、作品辅导、创新研究、教学智慧、经验介绍、课例品评、说课文稿、教案设计、教学随笔、课中偶得、备考研究、听课评课、教学反思等。可以说，在教学之中专注于什么样的思考与探索，就可以写出什么样的文章。

如果你的论文想再提高一下，可以从以下四个方面下功夫：① 写作理念：将一个点写透，将一篇文章写好，将一个系列写新。② 构思精巧：深加工，厚加工，精加工，美加工，趣加工，新加工，联加工，逆加工。③ 出"新"方法之一：独到的创意、独特的视角、丰富的表达方

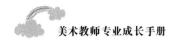

式、语言的锤炼。④出"新"方法之二：关注新背景、新栏目、新项目、新材料。

"专项课题研究"是教师走向优秀教师或名师的必经之路，但凡在学科教研上表现优秀的教师，成长过程中必然多次经历这样的研究。有的教师觉得做课题很难，课题离自己很遥远。其实做课题就是梳理自己平时做的工作。做课题需要注意研究的规范性、科学性、创新性。课题应该以怎样的思路来做呢？我把课题研究总结为四个方面：一是为什么做？（选题）二是怎么做？（研究过程）三是做出了什么？（研究成果）四是做得怎么样？（研究效果、反思、改进措施）

选题应具有一定的实践价值和研究价值。一般提出问题，以问题为导向，目的是解决教学中的具体问题。

研究过程要翔实、规范、完整。研究过程包括研究目标、内容、方法、步骤。研究目标要明确，核心概念一定要解读清楚。研究内容框架要清晰，并具有一定的逻辑结构关联。研究方法要具体、规范、科学、得当、具有可操作性。研究步骤应由浅入深、层层深入。

研究成果，是课题研究的核心所在。研究成果需要在研究过程中不断归纳、梳理、分析、提炼。提炼具有一定的实用性、实践性、创新性、科学性、可借鉴性的经验。既有理论依据，又有实践经验。

做得怎么样？即研究效果、反思、改进措施。这个研究取得了哪些进展和产生了哪些影响？在研究的过程中有什么感想，有哪些觉得做得不够好、需要提升的地方？

以我的省级课题为例。申请报告一般分成以下几个部分：研究背景、研究价值、研究现状、核心概念、研究目标、研究内容、研究重难点、研究创新之处、研究方法、研究思路和步骤、研究计划和进度安排、研究预期成果、研究基础条件等，后附参考文献。

你若发现你所处地方的某项民俗活动非常有艺术价值，值得传承，你想把它传承下去，这就是你要做研究的理由。有了研究的目标之后，你要调研或考虑一下做这件事有没有实际的意义和价值，对学生有什么益处，对教师有什么益处，对社会文化有什么意义，目前进展如何。

立项之后开展研究，在开展研究的过程中注意整理和收集研究的资料，并对研究的成果进行梳理、提炼、概括。成果一般有这样一些表现形式：形成报告、论文、作品集、课例集、教材、作品展。总之，我认为课题研究可以提升教师的理论水平和科研素养，促进教师对教学的深度思考，实际上就是对提出问题、研究问题、解决问题这一过程的总结和提炼。

教师专业化成长是教师素质自我完善的一个长期的过程，是一个可持续发展的教育体系。要提升教育水平和教学质量，除了不断地学习外，主要还是在教育教学过程中努力实践、反复探索，不断完善自身各方面的知识结构和教学能力，不断更新自己各方面的专业素养，在专业化的成长道路上持续发展。

教师专业化成长没有捷径。教师的专业成长虽然在很大程度上受教师所处环境的影响，但更重要的是取决于自己的心态和作为。

最后建议大家争做这三种人：

第一，技艺高超的人：优秀教师的第一奋斗目标应该是成为优秀的课堂教学专家，要有一技之长。

第二，精于提炼的人：坚持专项研究是成功的秘诀。教师的第一科研能力是提炼能力。

第三，积累丰富的人：给自己多储备一些知识，让自己多增长一些学问，多增加一些能力。

教学是一门遗憾的艺术

一节好课不需要做到面面俱到，但一定要满足最基本的要求，那就是突出重点，突破难点，实现预设目标，在此基础上求新求异。课堂教学的一切方式和方法都是围绕实现教学目标而进行的，是为解决重点、难点服务的。不能为了追求课堂气氛的热烈和教学方式上所谓的亮点而脱离本节课的中心内容，舍本求末。下面呈现9节课的听课随想。

"漂亮的钟"评课1

成卫平老师的"漂亮的钟"一课，教学目标明确，课堂结构、教学思路清晰，教学设计和构思新颖，给人眼前一亮的感觉，尤其是欣赏作品中所选用的图片非常得当，恰到好处。教师在授课过程中教态自然大方，语言精练、流畅，课堂组织有序，能够自信地领引着学生的思维和行为，教师采用了多种生动、有趣的组织方法，值得学习和借鉴。本课给了我很大的启发，也引发了我的思考。例如，本课的导入部分，以串联词游戏"开火车"引入课题，能够起到点题、激发学生兴趣的作用，但在量的运用和时间的分配上可否点到即止，将时间放在解决重点和难点上。教师在解决重点问题时可否让自己处于一个导演的角色，起到导的作用，让学生边欣赏边归纳和总结出联想的方法。这样既可以加强师生互动，又可以启发学生的思维，让学生在不知不觉中掌握重点，突破难点。

"漂亮的钟"评课2

陈凤军老师的"漂亮的钟"一课，教学结构自然流畅，环节构造合理，教师仪态端庄，语言抑扬顿挫，富有节奏感，教师对教材的理解和把握准确到位。教学目标明确，教学重点突出，在教学过程中采用了小组合作学习和讨论、教师示范等多种教与学的方式和方法。其中，一些教学环节也引发了我的思考。例如，教师示范，无疑可以让学生学会制作的方法和技巧，但教师的示范也有可能会局限学生的思维，导致学生单纯地模仿。因此，把握示范的尺度至关重要。又如，在学生自评、互评、师评环节中，先明确评价的目的、要达到的效果，然后引领评价的角度，指令要尽可能明确，含糊不清的提问会使学生迷失方向，达不到预期目标。

"创意龙"评课

石立老师的"创意龙"一课，立意新颖，敢于突破，教师的基本功扎实，能够迅速吸引学生的注意力。教师在授课过程中教态自然、神情自若，课堂语言幽默得当，多次运用激励性、鼓励性的语言，增强学生的自信心，激发学生的创作热情，值得学习。针对课堂教学的细节，我有一些自己的看法，例如，本课的课题为"创意龙"，那么本课的重点就是如何进行创意龙，是否可以在时间的分配上侧重分析创意龙的创作方法和表现手法，让学生在欣赏中思考和总结作品中的创意来源，这样更有助于拓展学生的创作思路，激发学生的创作灵感。此外，我认为学生对作品的欣赏与评价是一节课中的点睛之笔，最能体现美育的灵魂之处，教师除了要让学生明确评价的倾向性，即从哪些方面进行欣赏和评价外，还要让学生掌握一定的专业评价语言，而非单纯的"好不好""喜不喜欢""是否有趣"，更应该注重美术素养的培养。

别样的"创意龙"，无限的创意和想象，让我大开眼界。我终于明白学生那么多稀奇古怪的创作是从何而来的了！本课注重技法、思维的拓展，教师的示范贯彻整个课堂，学生和听课教师们听得很专注，这是本课第一个成功之处——吸引人。在几何图形载体的基础上加以龙元素的特征和运用夸张的手法，让人遐想无限。这是本课第二个成功之处。从"抓特征—变形、夸张—局部打包—头部载体变换与关联—身体载体的变换关联"，分步解决，层层推进，有效地解决了培养学生的造型能力和想象能力的课堂难点。这是本课的第三个成功之处。知识要素、载体表格化，条理清晰、要点系统。这是本课的第四个成功之处。这一切为我们呈现了久违的实效且专业化的课堂，同时，也引发了我的种种思考。

一节美术课，本身就是美育的过程，在美育的过程中也许不需要面面俱到，但要尽可能涉及美育以外的育人功能。跳跃性的授课方式，也许能够有利于学生整理思路、掌握方法。我想，理论来源于实践，想得多不如做做看。只有尝试过后才知道真谛！

"家乡的节日"评课

王静老师执教的"家乡的节日"一课，属于欣赏评述课，具有一定的难度和挑战性。王老师甜美的外形、优雅的教态给我留下了深刻的印象。从课堂上呈现的图片和各种资料看，王老师在课前着实认真，下了一番苦功夫，这种敬业和敢于挑战的精神让我深深敬佩！在课堂上，教师极为注重对学生语言表达及观察、思考能力的培养，使美术课堂生成了许多对学生终身受用的东西。

从课堂的容量来看，过于丰满。这不禁让我想起自己在备课的时候也常常会思虑很多，总希望把更多的知识点、自认为对学生有用的东西完完全全地传授给学生，但这样的想法可能会造成以下两个不足之处：一是教学环节较多，课堂结构无序；二是知识点多而杂，不便于学生理解和接受。这个时候往往需要我们教师重新审视目标任务的设定。学生是课堂的主体，要从主体的角度思考是否合理和有效。教师是课堂的主导，导向性所设定的大目标即整个课堂的教学目标要达到什么样的目的和效果，所设定的小目标即每个教学环节要解决什么样的问题。还有应注重时间的合理分配。有了明确的目标，思路就会变得越来越清晰，课堂结构和内容也会变得严谨而实效。

"鱼儿鱼儿告诉我"评课

罗杏庄老师的"鱼儿鱼儿告诉我"一课，教师展现了扎实的基本功，在陌生的教室，罗老师面对陌生的学生非常镇定，教态自然大方，语言生动丰富，尤其在教学过程中的评价性语言，运用得及时且恰到好处！教师高超的课堂驾驭能力，使得整个课堂活跃又不失有序。整堂课注重师生互动，充分拓展了学生的思维。从课堂上所用的图片及各个细节可以看出罗老师是个极为细致和用心的老师。

我们在准备一节课的时候，总会思考在这短短的40分钟之内，要给学生多少东西，怎样的容量和方式才是合适的。从常规的角度来讲，本课用了接近30分钟的时间来讲授课程的知识点，而体现学生学到了什么的创作和展评被压得所剩无几，这样的时间安排略显不足。我们在备课和改课的过程中，都习惯性地用加法，但有的时候不妨试试用减法，可能会有意外的收获。教师的指令和要求，就像是茫茫大海中的指路灯，除了要给学生方向，还要给学生信心。恰当明确的指令、专业性的要求和指导性的意见是美术课中必不可少的。大胆、准确地运用美术元素，用学科的东西解决学科的问题，一定会有好的效果。

"巨人和矮人历险记"评课

产后回归的小溪老师，在公开课上依然那么镇定、从容。"巨人和矮人历险记"一课，生动的动画短片恰如其分地展现着巨人与背景的对比。屹立在花瓣上的巨人，在花瓣的依托下，一下子变成了矮人。这样，怎么来判断是巨人还是矮人的问题迎刃而解。水灾、地震、失火、塞车，每一张现实中的图片都让学生有充分的空间去想象。每一个学生的作品都展现了一个生动的故事。在故事中，学生把自己融入了角色，展开了想象，巧妙地融入了情节中。

但事物的发展总是具有两面性。丰富的情节，为学生的画面表现带来了麻烦。二年级的学生，很多时候能想到画面，但不知道该怎样表达。虽然小溪老师尽可能提到材料的应用及点、线、面、色等绘画元素的使用，但仍没有从根本上解决学生如何画的问题。在学生艰难的绘画过程中，我也在思考"怎样有效解决画面效果"。除了要有相应的教师示范外，还要加入相应的绘画技法的步骤讲解。这样，也许会使学生思路更清晰，更有信心大胆画画。正因为画面效果迟迟未显，连贯效应使作业评讲环节障碍重重。但是我想随着作业问题的解决，评讲的方式和效果都不会成为问题。

想象力课程课例，带给我无限的思考和遐想。

"可爱的小虫"评课

陈佳玲老师执教的"可爱的小虫"属小学一年级的造型表现课程。陈老师和风细雨的语言和教态拉近了教师与学生的距离，让人倍感自然、亲切。在教学过程中，教师注重学生对物体的观察和对材料的体验，尽可能地培养和锻炼学生自主探究、解决问题的能力，注重激发学生的兴趣和活跃课堂，使学生徜徉在欢乐的海洋之中！

一堂好课最出彩的地方在于课堂设计，但再好的课堂设计不去实施，也只能是枉然。记得参加第六届全国美术优质课观摩活动时就有一位外省的教师选择了一年级的教学内容，结果课堂上出现了很多意料之外的尴尬场面。由于对学生不熟悉，教师失去了对课堂的把控，所设计的教学环节不能如愿进行。可见对于低年级的课堂来讲，课堂组织是多么关键！选择给低年级的学生上公开课是需要勇气的，除了要对学生的年龄特点、认知水平等做全面的了解之外，还要抓住他们的兴趣点，掌握一定的常规课堂指令，有的放矢地掌控课堂的节奏及学生的心理和行为。

"大树和小鸟"课评

添欢老师的"大树和小鸟"一课，诠释了技能和技巧，是一个创新性的尝试，着实给人惊喜！本课以绘本故事导入，课堂结构合理，环环相扣，以故事为主线贯穿课堂的始终。我能感受到授课教师在课前思考了很多，每个环节的衔接都生动、自然，倾注了教师的很多心血。

新的东西总是能给人眼前一亮的感觉，这让人很着迷，但我们要保持清醒，一味地称赞或一味地批判都是不科学的。我们要先弄清以下几点：这节课的目标任务是什么？教师要教授什么？学生要学什么？学生感受到了什么？怎样表达出来？这些都是至关重要的。无论是用绘本还是用其他的方式来传达，都只是教授者传道授业的方式、方法。在注重方式和方法传授的同时，我们更应该注重教学目标的准确设定和达成。

"春天的消息"课评

卉林老师教态自若，语言生动、流畅，举手投足间充分展现了她的优雅气质与专业素养，仿佛让人沉浸在美妙的春天中，沉醉于温馨的课堂中。

本课重点突出，课堂结构条理清晰，环环相扣，层层深入，课件精美，处处透露着授课教师细腻的情感，更能体现出授课教师对课堂的重视程度和所做的充分准备。如：学生精美的作业纸的准备；拼贴明信片环节，音乐与文学相结合，强化了知识点，是美与文化的融合；找春天的色彩，在游戏中归纳色块，直观、巧妙地解决了春天的色彩应用问题，无处不体现着春意盎然之美！

春天的消息，我的理解是借春之境，重在春天给人传递的讯息。嫩芽破土而出，那是一种生命力的象征。冰封沉睡的小草长出新芽，那是一种顽强的生命力的体现。春节的辞旧迎新，那预示着新生活的开始和人们对美好事物的希望和憧憬。那绚烂朝阳般的花朵，给人以美的追求和向往。还有那"天街小雨润如酥，草色遥看近却无"的洗礼和润泽，无不让人心旷神怡！这些都需要引导、传达给学生，使他们能够体会和感受。有了对春的深刻理解，学生的作品内容会更加丰富、动人。

驾驭课堂的魔术棒——教师语言的魅力

本次黄山之行感触颇深,收获良多。内心的喜悦犹如久旱的春苗逢甘露,被润泽的不仅是心灵,还有那份崇高的教育理想。我将从教师语言魅力的角度谈谈自己的感受。

一、语言的精美精妙

教师的课堂语言仿佛是一座桥梁,维系的是教师与学生之间的情感。精美的语言有利于学生对教学内容的认识。例如,在"真爱国宝——古代陶瓷艺术"一课中,教师在描述青花瓷之美时是这样说的:"青花瓷,蓝白相间的色彩,清新高雅,幽静明快,百看不厌,经久不衰。"这样的语言精准到位、寓意深远,让人感受到的不仅有青花瓷的视觉之美,更有品质之美、内涵之美。又如,在"人民艺术家——齐白石"一课中,教师介绍齐白石老人兼工带写的花鸟画时说:"他笔下的花鸟画生机勃勃,和谐中不乏对比,大气中不失细腻之感。"如此精妙的描述,让人无不感同身受。

在课堂教学中,我们应尽可能做到语言具体、准确、不浮夸、恰到好处。要减少无谓的问答、笼统性的表扬,例如,"好不好看?""喜不喜欢?"等课堂上的常用语,这些提问看上去好似注重学生的感受,实则不具有任何意义和价值。又如,"你说得真好!""你真棒!""你真了不起!"这样的语言,会让学生感到一头雾水,一节课下来,还是不知道自己和别人哪里说得好、哪里很棒、怎么了不起。

二、语言的暗示技巧

教师语言对学生的影响力不言而喻。有些教师善于运用语言,或制造悬念，或给予学生鼓励和肯定。例如，北京市海淀区清河第四小学王京燕老师的"人民艺术家——齐白石"一课，在讲解白石作品《喜蛛图》时，她运用了这样的语言："这可不是一只普通的蜘蛛。"用这种设疑式暗示，会瞬时激发学生继续听课的欲望，既能吸引学生的注意力，又能够激发学生浓厚的求知欲。又如，在"大树的故事"一课中，教师想让学生和自己一起完成示范画《大树》的创作。他是这样说的："谁愿意帮助老师给大树装饰上树叶？"运用这样的语言暗示，学生会觉得我做了这件事不仅帮老师，还能够美化大树。试问，这样的事情哪个学生会不愿意做呢？

相反，有的授课教师在上课之前与第一次见面的学生交流时，会很随便地用"同学们，我也是第一次参加这样的活动，我也很紧张"这样的话做开场白，不但不能够拉近和学生的距离，缓解紧张的气氛，反而会造成更加拘谨、沉闷的课堂氛围，也有可能会使学生对教师产生轻视的心理。例如，有的教师在评价学生的作业时说："你的作品能大气一点吗？"言外之意，是认为学生的作品有小气之嫌。类似这种，不经思考、随便脱口而出的话语，应慎用为妙。

三、语言的感染力与生命力

我们在平时观摩过很多设计精良的课例，很多时候因为教师缺乏对语言的理解和运用，整个课堂显得索然无味，教师完全成了一个自导自演的人，缺乏课堂互动，没有调动起学生的学习热情和求知欲。但是，在此次观摩中，有这样几位教师的表现让人眼前一亮。例如，安徽省淮北市实验小学余卫锋老师，在讲"大树的故事"一课，在讲到用什么来表现大树的故事时，余老师说："对，线条可是我们美术课上的小魔法师。"在讲到绘画作品的构图时，他是这样说的："咱们的画是有生命的，它也需要呼吸。"又如，山东省的许敏老师，在讲"泥玩具"一课，说到可利用的绘画语言时，她说："点、线、面可都是我们绘画的好朋友。"再如，安徽省合肥市卫岗中心小学的李靖老师，在讲"人物与环境"一课，在欣赏学生作品时，她说："画面中的他想和星星做朋友，去太空旅行，老师也有这样的梦想。"这些简短而生动的表述，既拉近了师生之间的距离，又使原本枯燥无味的讲授焕发了生命力。更有一些高明的教师，边示范边用生动的语言讲述绘画中的故事，其结果必然是事半功倍。

正是这些深入人心的、动人的语言，造就了生机盎然的课堂，造就了教师作为人类灵魂工程师的价值。

自主学习、自主管理之美术课堂

2012年6月1日，是我此生最难忘的"六一"儿童节！在这一天，松山湖实验小学（以下简称"实小"）开展了关于自主学习、自主管理的研讨会，旨在激发学生的潜能，创新学生的思维，让学习在自主探索中回归本真，让学生能够独立自主、自律、自强，让生命在自我教育中彰显价值。冯校长主张最出色的教育、最高深的教育并非说教，而是一种无痕式的影响和引导。对此，我也深表赞同。基于此教育思想，我尽可能地将自己对无痕教育、自主学习的粗略理解带到课堂之中。就此，结合美术学科的特点，我记录一下自己的感受、思考和做法。

我想，自主学习是将学生作为学习的主体，通过学生独立的分析、探索、实践、质疑、创造等方法来实现学习目标。自主学习的目的是通过自主学习，学生最终学会求知、学会做人、学会健体、学会审美、学会生活、学会交往、学会劳动、学会生存，具备与现代社会需要相适应的学习、生活、交往、生产及不断促进自身发展的基本素质。明确了主体、目的和方法，接下来就是尝试和探索在学科教学中如何运用和实施。

如在点、线、面、色等美术元素的应用教学中，我摒弃老一套的说教、演示等方法，扮演引导者和组织者的角色。先是让学生以小组为单位，组内相互合作，确保课堂管理的有条不紊。以游戏的形式，用多色的图形色块进行自主拼摆、组合。看谁拼摆得特别且有艺术性。然后，让学生进行自主总结，总结在摆的过程中遇到了什么困难，明白自己哪里做得很好、哪里需要改进。再看看别人的作品有哪些值得学习的地方。在这个过程中，学生便把点、线、面、色构成的要素和注意事项总结得既全面又透彻。掌握了要点之后，接下来进行二次再创作。有了先前的经验，在再创作中学生自然显得得心应手，把作品拼贴得更漂亮、更耐看。这样，在游戏中自主尝试、探索，在玩中学、在学中玩的形式，学生很喜欢。因为这样的方式，教师和学生都会感到轻松、惬意！

当我问到学生的收获时，他们滔滔不绝地谈到自己收获了快乐、成功，收获了自信，收获了美术知识，等等，学生的脸上洋溢着灿烂的笑容。此时，我内心感受到了莫大的支持和鼓励，不得不感叹学生超强的总结能力远远超出我的想象。我发现学生内心的喜悦和有所收获才是我真正的快乐源泉！

我想，自主学习、自主管理作为教育工作者理想化的目标，并非遥不可及，也并非一成不变，需要因时而异、有的放矢。追寻和探索的路还很长，一路上披荆斩棘，会有踌躇，但也一定会有惊喜！

第四辑
教育像诗一样美好

导语：面对千差万别的学生，需要不断地探索教育的方式。也正因为如此，教育又像诗一样美好。在美好的教育里，当有思考，当有美好的人……

我不是完美的我，孩子不是完美的孩子

怀着对能够参加学习的窃喜，带着对实现教育理想的憧憬，我开始了生态教育通识培训的第一课——正面管教：如何不惩罚、不骄纵地有效管教孩子。在赵老师的引领下，我和伙伴们通过一个又一个的团队活动，拨云见日，终得真经：和善而坚定；尊重自我，尊重孩子，尊重情形；积极的情绪引导，需要正面语言的反馈，更需要有效的倾听。

正面管教有一个观点："赢得"孩子，而不是"赢了"孩子。反省自己，不管是在教育学生，还是在教育自己的孩子时，我有时候会忽视孩子的需求，用大人的角度与思维方式去要求孩子做什么、怎么去做。我认为他们可以做到，可根据他们的实际水平他们是做不到的，因此在很多事情上我都是以自己的观点来取代他们的观点，甚至有时候很强势地要求他们按照我的要求去做。

不管你是一位教师还是一位家长，你要思考：你是要"赢了"孩子还是要"赢得"孩子？人们通常用控制、惩罚迫使孩子屈服来"赢了"孩子，而不是维护孩子的尊严，相信可以通过合作来"赢得"孩子。

我不是完美的我，孩子不是完美的孩子。对自己，对他人，我们有许多期许，而这些期许不是必需，也不是必然，而是我们可以和孩子一起努力的方向。生活中我们往往只管教孩子，忽略对自己的剖析和审视，往往只知道爱孩子，忘记孩子接受爱时的感受。我们的教育指向是对"人"，还是对"事"？是为了让孩子与自己对立，还是帮助孩子解决问题？你懂了吗？你做到了吗？

有失必有得

繁忙的"六一"儿童节联欢晚会终于结束了,在筹备晚会的过程中,我错过了几次与同行共同学习和交流的机会,内心有些焦急与失落。常言道"有得必有失",但我觉得这句话倒过来说更具有人生哲理,即"有失必有得"。在筹备晚会期间,我收获了太多的感动。

一、感动于"六一"儿童节联欢晚会

"六一"儿童节联欢晚会节目精彩纷呈,所有来宾都惊叹于家中平日里的小朋友为何个个身怀绝技。这让人惊喜的一幕离不开实小领头人"对每一位学生终身发展负责"的办学理念和"一个都不能少"的教育理想;离不开实小英才们追求完美、精益求精的办一所好学校的精品意识;更离不开实小20多名教育工作者兢兢业业、不辞劳苦、团结协作、风雨兼程的执着。当我穿梭于挥汗如雨的他们中间,他们没有抱怨,我所感受到的是一种斗志、一种震撼人心的力量。

二、感动于亲人们的不离不弃

"六一"前后对我来说有着非凡的意义,在高负荷的工作强度下我承受着无形的心理压力。事务林林总总、交错复杂,多少让我有些应接不暇。我是一个极度感性的人,常常会因情绪的波动而影响状态,打拳、跑步、聊天、听音乐等方式已无法排解积压在内心的郁结。能让我平静下来只有亲人们真诚、无私的爱。有爱的人生真的很幸福!

三、感动于挚友们的肝胆相照

挚友们开朗直爽、美丽大方、活力四射、豁达明理,她们是我平日里的开心果。她们有一个共同的特征，那就是拥有一颗善良、温柔的心。除此之外，她们还具有不为外人所知的男儿意气。我喜欢她们那带有爱意的数落，喜欢她们为我焦急时的神情，喜欢与她们漫步时的谈笑风生，喜欢聆听她们关切的心声。其实，还有太多太多的喜欢都放在心里！

四、感动于贴心人的鼓励和支持

在我身边还有很多默默地一直关注我、支持我、不断鼓励我的贴心人。这些人，往往在我得意的时候，站在远远的地方给我祝福；在我失意或需要帮助的时候挺身而出，不求回报。让我充分体会到了"君子之交淡如水"的真谛。

感谢你们陪我度过了最艰难的日子，感谢你们，我最亲爱的人！感谢生活中邂逅的每一次小确幸、每一次小美好！

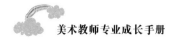 学习滋养心灵

短短几天的学习,让我经历了一次前所未有的心灵洗礼,思想得到了充盈,教育理念得到了更新。如初出茅庐得见新知,如久旱枯田畅饮甘露!快哉!

刘校长的演讲主题是"如何面对一所新学校",该演讲让我备感教育、教学之路任重而道远。打造一所有思想、有特色、高品位的国内一流学校,成为我们所有实小人的奋斗目标,也是我们所有实小人的共同愿望。教师不仅要有明确的职业规划,更要有长远的人生规划。一语"从头再来"让人感慨万千。端正心态,重新做起,从头做起,强调和谐共事、共同发展、团队协作的精神,唤醒我们重新审视如何做事、如何做人。

柴校长的演讲主题是"思想有多远,我们就能走多远"。他用朴实、真诚的语言向我们传达了思想高度对学校和个体发展的重要性。我认识到学校教育不单纯是为了让学生获得知识,更重要的是将适合学生发展的教育贯穿学生生命发展的始终,为学生一生的可持续发展奠定思想基础、能力基础、情感基础、生活基础。我认识到教师角色在校园关系中的角色定位,以及需要进一步完善的人本意识、团队意识、精品意识、反思意识四个意识对学校、学生、教师个体发展的决定性作用。

冯校长的演讲主题是"规范起步,特色立校",他巧妙地将理论基础上升到了人文关怀。冯校长首先肯定了教师队伍的专业水平和辛勤付出,在精神方面给予了教师们极大的鼓励和支持,并运用生动、鲜活的实例分析,表达了对教师队伍的殷切期望。期望我们能做一个有幸福感的人,期望我们的团队是一个团结、有战斗力和凝聚力的集体。"预则立,不预则废。"期望教师们能够一专多能,养成良好的工作习惯、学习

习惯，提高工作效率，使每个人都能迅速成长。同时更期望我们每一位教师都是有理想的、有追求的，是幸福的、快乐的!

写字训练、古诗吟诵为校本课程的可持续发展奠定了技能基础。晨诵、午练等的解读，为校本课程的有序进行明确了方向。班级管理、德育工作的开展、现代教育技术的运用与管理、学生生活管理等一系列学校管理课程的开展，让教师们更好地了解自己该做什么、该怎样去做，为校园工作的有序开展奠定了理论基础。

几天来，我们都怀着一份激情、一份爱心、一份教育理想，怀着一份实小人特有的人生情怀，细细品尝了这场丰盛而回味无穷的知识盛宴、技能盛宴、理念盛宴，在认知中不断反省，在反省中不断摆脱浮躁，在改善中逐渐成长。这是一个教师对职业有序规划的过程。

"宝剑锋从磨砺出，梅花香自苦寒来。"愿实小在层层考验中茁壮成长，愿所有实小的教师在获得心灵滋养的同时体味愉悦，愿实小的学生在涉猎知识的同时学会生活。

了不起的母亲

周二的上午,我正开着网络会议,电话铃声响起。电话的那端是一位新转来的学生的家长,她执意要与我当面聊聊。放下电话,十几分钟后,她如约而至。

话题从她的孩子入我校前说起。小乔是一名四年级的学生,在转来之前就读于一所名校。因为孩子个性活泼好动,顽皮不羁,常常遭到老师的责备和训斥,被冠上了"差生"的头衔,同时也遭到了同学的排斥。由于父母工作繁忙,疏于觉察孩子心理上的变化,孩子渐渐自卑起来,内心也默认自己很差,做错事是应该的,行为越发叛逆,性格也越发孤僻。孩子的母亲认识到问题的严重性,她四处考察东莞市的各大名校,最终毅然做出了一个重大的决定,放弃自己一校之长的职务,到位于松山湖的一所高校出任普通教师,只为孩子能在实小就读,并能常在身边陪伴和督促。

现在身为母亲的她,最大的愿望就是帮助孩子重拾信心,从以前的阴影中走出来。如果一个 10 岁的孩子就被认定是个无用的人,那他以后的人生之路该如何走下去?

说起找我的原因,是小乔喜爱美术,乐于绘画,上了两周的美术课后,他自己觉得在这个学校很快乐,在绘画中他能找到成功的快乐。这位了不起的母亲大费周折地找到我,就是希望我能够让孩子进入我校的美术校队。她不奢求小乔能在美术绘画方面有多大的作为,只希望孩子能在美术学习中获得更多的肯定和鼓励,给孩子一些生活的希望。

听到这些我很感动,和孩子的母亲一样,我的眼圈中不时闪烁着泪光。当我告诉她她的孩子在我的课堂上很专注、很认真,我并没有发现她说的那些以前的问题,并且我认为这个孩子很有艺术天赋时,她的脸上露出了灿烂的笑容。孩子几周来的细微转变,让她感到很欣慰,她觉得无论付出什么样的辛劳都是值得的!

　　同为教育工作者,同为人母,我深深地敬佩这个执着、敢于牺牲自己的母亲。那份爱是那样的炙热和深沉!多了不起的一位母亲!

没有硝烟的战斗

每年新学期的第一周都是最忙碌的时刻。在这一周里,从早晨六点多到晚上十一二点,除了中午不到一刻钟的休息时间外,我基本没有停歇的时间。先是匆忙地在家等女儿起床,接着带女儿一起和我"陪"学生吃早餐。等学生吃完早餐,我还要带女儿吃早餐,然后送她去坐校车。送走女儿,一天正式的工作就开始了。

今年美术常规课学校安排了四个年级给我,虽然课程不是很多,但备课比较麻烦,再加上要教写字、乐器、舞蹈和第二课堂,就复杂了许多,还有写字工作组的统筹工作和安全值日的安排,以及各种纷至沓来的比赛任务,真是让人应接不暇!

为了避免遗忘某一个环节,我会在日记本上列出最近一两天要做的事情。下午放学的钟声刚刚响起,我匆匆忙忙到校门口接女儿放学,再抓紧时间和她一起"陪"学生吃晚饭。因为很多学生刚刚入学住宿,生活上很多不能自理,吃过晚饭后每个老师都要去学生的宿舍,教他们如何刷牙、洗澡、洗内衣和整理床上用品。

这个时间段原本是我陪女儿一起吃晚饭的时间,可是,由于时间紧迫,我不得不把女儿一个人留在食堂,叮嘱她要吃完碗中的食物,然后到学生宿舍找我。

但事实上她每次都没有找到我,后来干脆不理我,自己找人去玩了。直到我忙完,然后到学校的监控室查找她在哪儿。如果没有晚自习和培训,我就可以早点把她带回家;要是赶上有晚自习,她就不得不自己在办公室看动画片,直到晚自习结束。

幸好,女儿是个性格开朗并且自理能力较强的孩子,否则一个四岁多的孩子如果在我这样忙碌的情况下边哭边闹,我还真不知道该怎么应对！试想，那会是怎样的心情！一个星期过去了，战斗没有停止，继续忙碌。

今晚又要全体教师乐器培训了，我跟女儿讲："妈妈要去开会了。你看谁家有小孩就去谁家玩，要是渴了，谁家有人就去谁家要水喝。"旁边的同事听到了哈哈大笑起来，而女儿诧异地望着我说："妈妈，你怎么老开会呢?"我笑着没回答，心里却无比愧疚！接着女儿说："妈妈，我喜欢你！"这让我宽慰了不少！我亲亲她的脸颊，悄悄地说："妈妈也喜欢你！"然后匆匆地离开了她的视线。

教书育人是我的职责所在。为了让每一个孩子的家长放心，老师的辛苦是必不可少的。我没时间去思考这一切是否值得，我能做的只能是调整自己的心情和心态，让每分每秒都是平和的、有序的。生命不息，战斗不止！

守得云开见月明

苏霍姆林斯基说:"当学生发现你是在教育他的时候,你的教育是苍白的。"真正成功的教育应追求一种无痕的境界,在这种境界里,谁也不知道你是老师,你却成了真正的老师。教育之美,在于其没有了教育的痕迹,在于其留给人们的自然流畅之感,即在师生的人格感染中、心灵碰撞中、理解和倾听中……润物无声地完成教育的使命。

一连几天,我一闲下来就在画室里转来转去,手里捧着"无痕教育"的解读冥思苦想,看了些许关于无痕教育、无痕德育的案例,听了几位专家和学者的报告,深受感染。

这种教育者把教育意图和目的有意识地隐蔽,淡化说教、灌输的痕迹,而主要通过活动体验、自主探究、团队互动、案例感悟等途径,以及启发、唤醒、激励、赏识、暗示等方式和方法,促使学生不知不觉、自然而然地在愉悦的状态中接纳,以实现教育的内在生成、自我构建和自我教育的教育模式,无疑是教育模式中的上乘之选。这么好的教育模式,我该如何应用?如何把它引入专业技能型的美术课堂呢?也许我对它的认识还不够,思虑许久,进展转慢。

受邹老师的委托,一周后要拿出一堂美术公开课与大家一起分享和探讨。我把此课的性质定位为研究型课例。我抛开耳熟能详的岭南版课本,尝试自主编排一节与课题研究相关的教学内容,想借此机会深入探讨一下关于"速写淡彩"课题研究的教学内容、教学方式、教学案例、教学策略等方面的构建,并与学校目前正在探索研究的"无痕教育、无痕德育"相结合,让远道而来的专家、同行指点迷津。

几天来一闭上眼,我的脑子就不停地去思考。"潜移默化、润物无声、自我建构、和谐共生、协同发展",这些关键词一直在大脑中闪现,毫不夸张地说，我连做梦都是在想如何把这些优秀的思想纳入课堂。也许是周公怜人，在梦里我得到了一点启示，略有了一些头绪。用那句"守得云开见月明"来形容我现在的心情再恰当不过。总算是可以安稳酣睡了。明天开始写教案、准备材料。争取能呈现一节有研究价值的课例！

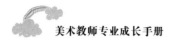 顽童学画

朋友介绍个热爱绘画的小孩给我做徒弟,在见面之前我就已经听说了许多有关她的事迹。第一次见到玛瑞亚,只见她漂亮的大眼睛闪着光,还没等我说话,女儿就热情、主动地喊着姐姐,迎上去给了她一个大大的拥抱。玛瑞亚开心极了,她的父母惊奇地问:"你们两个认识吗?"两个抱在一起笑的调皮蛋异口同声地说:"没见过。"两个孩子相见恨晚,玛瑞亚更是颇有兴趣地跑过来、跑过去,开心地到处打量着整个画室和校园。

我拿出一些画纸和画笔,边与她妈妈聊天边让她画着,当然,聊的内容是围绕她会画哪些东西、平时有哪些习惯。她画画很快,说明她对自己很有信心,属于比较大胆的孩子。但画面比较粗糙,说明她没什么耐心,不够细心。她擅长涂颜色,因为她对色彩的感觉很好,但涂的色块不够有层次感。她画的东西千篇一律,说明她所学甚少,并对之前所学有些执着,不容易接受新的事物和新的画法。

针对她性格上的种种特点,我一边引导着她画出她最擅长的物体,一边用更新鲜、更漂亮、更有趣的画法和她聊着,了解她更喜欢哪一种画法。我发现孩子还是更喜欢比较美的、比较有趣的东西。

第二次见面,我安排了填色练习给她和女儿,一是考察她们对色彩的感觉,更重要的是以此来锻炼她们的耐心和培养她们做事细心的习惯。性子急又好胜的玛瑞亚,很快就填完了一幅作品,得意地递给我。这幅作品颜色虽丰富,但略有些不和谐,色彩填涂得不均匀且有超出边线的现象,没有达到锻炼耐心、细心的目的。这个时候如果直接指出她的这些问题,她一定不愿意接受,并且很难改正存在的问题,还有可能打击她绘画的积极性。于是,我摸着她的头,用赞赏的眼光说:"嗯,真不

错，色彩很丰富，搭配也很漂亮。"玛瑞亚嘻嘻嘻地笑起来："那当然了，这个我最拿手了！"这时，我拿出第二张填色练习，对她说："玛瑞亚，老师这里有个很难、很复杂的作品，你能把它画好吗？"她肯定地点点头。我接着说："这张和刚才的那张不同，有很多小的空间要填上不同的颜色，深色多的地方要用一些浅色搭配。你记住了吗？"她不说话，只管点头并快速地画起来。又是一会儿的工夫，她便要交差了，可问题还是如出一辙。这时，我看着她，悄悄地对她说："妹妹还没画完，我们要等她画完再一起出去玩，现在我们没事做，就把画面上的颜色再涂一涂，把那些空白的小部分都填满。"

　　她为了能和妹妹一起出去玩，于是开始耐心地修补自己的画面了。这次，她认真地挑选着颜色，小心地填涂着各个部分，最后的成品很不错。她也很满意自己的杰作，到处炫耀自己的成果。

承受痛是为了让苦涩变成快乐

昨天和表妹聊天，了解到她学车很不顺利，总是过不了路考，以致心情沮丧，得出自己没用等一系列自我贬低的结论。这件事也引发了我的思考。

其实，表妹所说的"重挫"不过是路考中意外没过而已。我与表妹都是家中的独女，自小相伴长大，无话不谈。表妹身材高挑，面如子玉，南京理工大学硕士研究生毕业，成长过程一帆风顺，一直被视为天之骄子。也正因为如此，她没怎么经历过挫折。对于其他人来说，这件事再小不过，基本可以忽略不计，然而对于一路优秀的表妹来说，这却成了她人生中不该出现的败笔。

但在我看来，这是一件值得庆幸的好事。通过这一事件我试图让表妹明白这样几个道理。第一，人生中遭遇挫折，是很正常的事。能勇敢地面对挫折，是迈向成功的第一步。如果你问一个善于滑冰的人是怎样善于滑的，他会告诉你："跌倒了，爬起来。"第二，处理好这件事，可以提高自身的心理调节能力。因为当一个人经历挫折时，他的潜能会被激发出来，能越挫越勇。第三，这件事的确是一件小得不能再小的事，即使再次失败也无伤大雅，对人生不会造成无法弥补的遗憾。

在我的人生中我同样经历了很多失败、挫折、痛苦、不顺，我也因此一度陷入颓废、沮丧、迷茫、绝望中。我可以找回迷失中的自己，得益于有识之士的帮助和《感谢折磨你的人》这本书的阅读。

人生需要经历磨难，就如同草木需要经历风雨一样。只有迎上去，经历风雨，我们的人生才能更加辉煌、更加美好。能够迎难而上的才是真英雄。

后　记

　　记得那是在一次名师评选的考核答辩中，一位专家评委向我提出了一个问题："你认为当前中小学美术教师发展的瓶颈是什么？"这个问题引发了我的思考，也成了我写这本书的动因。就我个人来讲，从大学毕业后就开始从事初中和高中的美术教育教学工作，之后转战到小学，由小学又步入教育管理岗位，从一个初出茅庐的年轻教师到一个经验丰富的教育管理者，在不同的发展时期有着不同的职业困惑和无助。美术教师的发展方向在哪里？如何寻求职业的发展？这些都是美术教师永恒探索的话题，也是大部分美术教师发展遇到的瓶颈。很多时候我们想通过觅得良师来指点迷津，但不是每个人都有这样的好运气；想借助读书找到成长和发展的路径，却发现在美术专业技能技巧领域的资源很丰富，而在美术教育教学领域（与其他学科领域相比）可学习、可参考、可借鉴的理论与实践资源少之甚少，或零零散散，不成体系，很难解决美术教师在职业发展中面临的实际问题。于是，笔者尝试梳理了自己近20年来在美术教育教学领域（关于教学设计、教学说课、教学赛课、教学实录、观课评课、教育随笔、论文写作、课题研究、职业规划、成长路径、教育改革研究、课程开发等）中的各种探索与实践、经验与反思，与美术同行分享，希望这本书能够为美术教师职业发展之路点亮一盏明灯、照入一丝光。期盼每一位美术教师都能获得职业的价值感、幸福感和成就感！

　　在此我非常感谢在我近20年教育教学生涯中曾给予我引领、指导和帮助的艺术前辈、学科导师，是他们用博大的胸怀和扎实的学问鞭策、鼓励、影响着我在美术教育教学中不断前行；以及与我携手共进、同甘共苦的同事和同学，是他们用真诚的情意和奋进的激情激励着我持续学习和积极进取；还有跟着我一起探索课改、进行课堂实践的工作室的伙伴们，是他们的信任和追随让我信心百倍，寻求为师者的使命和价值。教育是唤醒，是陪伴，是引领，也是赋予一个灵魂、一个生命以成长。我很幸运，冥冥之中选择了这个让生命更有价值的职业；我很幸福，能与众多的教育同行一起践行教育的理想。教育教学探索之路，道阻且长，行则将至；行而不辍，未来可期！